川尻秋生
Akio Kawajiri

平安京遷都

シリーズ日本古代史⑤

岩波新書
1275

はじめに――平安時代を脱ぎ、着る明治天皇

平安時代、この言葉を聞いて、読者の皆さんは何を想像されるだろうか。絢爛《けんらん》豪華な『源氏物語』の世界、あるいは空海や最澄に代表される密教文化であろうか。

また、飛鳥時代や奈良時代よりも平安時代に親しみを感じている読者は、どれだけおられるだろうか。そもそも「摂関期までの平安時代は古代である」という主張には、首をかしげる方も多いのではないか。「古代」と聞いて思い出すのは、やはり明日香地域の風景、法隆寺の建造物や仏像、あるいは古都奈良の東大寺や興福寺といった大寺院であろう。二〇一〇年は、平城遷都から一三〇〇年に当たるとして、奈良が大いに賑わったことも記憶に新しい。

だが、日本人が自分たちの「心のふるさと」として、平安時代よりも飛鳥時代や奈良時代に親しみを感じるようになったのは、それほど昔ではないらしい。その辺りの事情を探るところから、平安時代の歴史探訪をはじめることにしたい。

明治以前の人々にとって、平安時代がいかに「身近なもの」であったか、それをよく示す象徴的な勅《ちょく》(天皇の命令)が下されたのは、明治四(一八七一)年八月二五日のことであった。その勅

では、「今の衣冠(服装や冠)の制度は、中古の唐制《とうせい》を模倣したまま現在に至り、「軟弱」のありさまとなっている。朕《ちん》(天皇のみが使える一人称代名詞)ははなはだこれを嘆く。そもそも神州《しんしゅう》(日本のこと)を「武」によって治めることは、もとから久しく行われてきたことである。天子(天皇)がみずから元帥《げんすい》(軍隊の総帥)となれば、民衆もそのあり様をまねするだろう。神武《じんむ》天皇(記紀《きき》神話のなかで語られる伝説上の初代天皇)の日本統一や神功《じんぐう》皇后(第一四代仲哀《ちゅうあい》天皇の皇后で、第一五代応神《おうじん》天皇の母とされる)の「征韓」(記紀神話でのいわゆる「三韓征伐」のこと)のときは、決して今日の姿ではなかった。どうして一日たりとも「軟弱」な姿をもって天下に示すことができようか。朕は、今、断然として服制を改め、その風俗を一新し、皇祖以来の「武」を尊ぶ「国体」を立てようと思う」と述べている。この後、九月四日には天皇の服装を定めるため、兵部省《ひょうぶ》に諸外国の国王の軍服制度を調査させたという(『明治天皇紀』)。

明治天皇が白粉《おしろい》を塗り、お歯黒を付けていたことは、英国の外交官パークスとともに明治天皇に謁見したアーネスト・サトウにより、明治初年に目撃されている。また、その父孝明《こうめい》天皇が、慶応二(一八六六)年当時、直衣《のうし》とおぼしき服を着、描き眉(眉毛を剃ったあとに墨で描いた眉)・白粉・頬紅・口紅を差し、お歯黒を付けていたことも、パークスとともに天皇に謁見した、英国外交官ミットフォードの証言から明らかである。典型的な公家《くげ》の装束である。

注目されるのは、この服装の制が「唐制」であり、「中古」から明治まで続いていると認識している点である。「唐制」の服装とは、礼服《らいふく》・直衣・束帯《そくたい》などのことで、とくに直衣や束帯は平安時代の絵巻物や、テレビ・映画などで見たことのある読者も多いだろう。「中古」とは一般的に一〇世紀以降を指すことが多いが、もう少し広くとれば平安時代ということである。現在の研究からすれば、この指摘が正しいとばかりは言えないが、明治初期の天皇を含む貴族階級にとって、平安時代が「現在」とひと続きの時代として、すぐ身近にあったことがよくわかるだろう。明治天皇は、西洋化に当たり、それまで着続けていた平安時代を脱いだのである。

江戸時代以来の国学の影響もあるが、この明治四年の勅を一つのきっかけにして、明治天皇の姿は急激に西洋化し、明治六年に断髪した後、軍服を着用し、ヒゲを生やし、サーベルを手にするようになった。変化後のようすは、イタリア人画家のキヨッソーネが描いた天皇の肖像画からも、うかがうことができる。

勅にもみえる「征韓」、すなわち「征韓論」が盛んに議論され、諸外国に対抗し、さらには東アジアに領土を拡張するため、天皇の権威、そして「武」(軍事)が重視されるようになると、国家にとって平安時代は「邪魔」になった。「軟弱」な貴族文化と、天皇を蔑ろにし藤原氏に実権を握られた平安時代は(現在の研究では平安時代に対する、この認識は正しくないが)、理想とされるべきではないと考えられるようになったのである。代わりに新たに持ち出されてきたのが、天皇(大王)が政治・軍事の実権を握った「理想の時代」と考えられた飛鳥時代と奈良時代、そして『古事記』『日本書紀』において天皇の事績をほめたたえた日本神話であった。律令国家が用いた太政官《だじょうかん》制を明治政府が採用し、「大日本帝国憲法」の「憲法」という用語を厩戸皇子《うまやとのみこ》(聖徳太子)が制定したとされる「憲法十七条」にならったことは象徴的である。

この価値観の変化は、すぐにではないが、しかし着実にその後の文学や芸術に影響を及ぼした。その象徴的事例として、文学では正岡子規による「『万葉集』の発見」、美術では岡倉天心たちによる「飛鳥・奈良美術の発見」、そして絵画の画題に、記紀神話が盛んに選ばれるようになったことをあげることができる。

明治三一(一八九八)年、子規は『歌よみに与ふる書』のなかで、「貫之《つらゆき》は下手な歌よみにて『古今集』はくだらぬ集にて有之候」と述べ、紀貫之を代表的歌人とする『古今和歌集』を「くだらぬ」歌集と断じ、日本人の素直な心が表れているとして、『万葉集』にきわめて高い評価を与えた。以後、『万葉集』が国民的文学作品として脚光を浴びる一方、『古今和歌集』の価値の凋落は決定的となった。文化史的にみれば、日本の近代化は、平安時代の排除からはじまったといえなくもない。

こうして平安時代は忘却させ<ruby>ら</ruby>れ、代わりに日本人の「心のふるさと」は、飛鳥時代や奈良時代にあるとの認識が広がり、現在に至っているように思われる。しかし、すべてが正しいわけではないにしろ、明治初期の貴族や天皇が天皇の服装を平安時代から続いていると認識していたように、平安時代は前近代の日本文化に深く大きな影響を与えた。子規が口を極めて『古今和歌集』を貶めたことは、『古今和歌集』の影響がそれまでいかに大きかったのかという点を、却って明らかにしてくれるのではなかろうか。

ここで一つ、明治と平安のおもしろい「類似」を指摘しておきたい。筆者は明治四年の勅を読んだ時、弘仁《こうにん》一一（八二〇）年二月一日に嵯峨《さが》天皇が下した詔《みことのり》を想起した（『日本紀略《にほんきりゃく》』）。その日、天皇・皇后・皇太子の服装に関する詔が下された。天皇については、「大小の諸々の神事、冬に天皇陵に奉幣《ほうべい》する際（荷前《のさき》）には帛衣《はくのきぬ》（白の練絹《ねりぎぬ》）、元日受朝《じゅちょう》（臣下から正月の賀を受ける儀式）の際には袞冕《こんべん》十二章（太陽・月とともに竜の刺繍がある服と玉飾りが垂れ下がった四角形の冠）、毎月一日の受朝・聴政、蕃国《ばんこく》の使者から口上を受ける儀式、奉幣や大小の節会《せちえ》には、黄櫨《こうろ》染《ぜん》（櫨《はぜのき》と蘇《す》芳《おう》で染めた、黄色に少し赤みがかかった色。天皇のみに着用が許された）の衣を用いることにせよ」というものである。

袞冕十二章・黄櫨染の衣とも中国皇帝の服装を基にしており、それまで日本古来の帛衣を着ていた天皇が、いわば中国化したのである。この時期は唐風化政策のまっただ中にあり、嵯峨天皇が古来からの天皇像を脱して、中国的皇帝に変身したとみることができる。この詔は、『貞観格《じょうがんきゃく》』に収められたので、以後長く天皇の服装の規範となった（第二章）。すなわち、明治天皇が悪しき伝統として退けようとした平安時代の服装そのものが、当時は「最新」とされた外来文化の模倣であった。

こうしてみると、それまでの自国の文化を排除し、今後規範とすべき地域や国の文化を導入するという意味で、二つの改革、すなわち明治の西洋化と平安の唐風化は、見事な対比をみせていることになる。後者で模範とした中国が前者で切り捨てられたのは皮肉であるが、千年以上離れていても、外来文化に対する日本の立ち位置の共通性と、中国の影響の強さをみることができよう。

さらに両者の類似点はほかにもある。明治八(一八七五)年一二月九日には、御親祭《ごしんさい》(天皇みずから執り行う祭祀)や御拝《ごはい》(天皇みずから礼拝すること)などの際の服制を定め、四方拝《しほう》(元日、天皇が天地四方や皇祖の陵墓を拝する儀式)・紀元節(建国の祝日の祭祀)・神嘗祭《かんなめさい》の遥拝(天皇が宮中から伊勢神宮を遥拝する祭儀)・神嘗祭の宮中祭祀(天皇が宮中賢所《かしこどころ》に祀ったアマテラス神に初穂を捧げる祭儀)や歴代天皇の命日の祭祀などには束帯、新嘗祭《にいなめ》(天皇が新穀を神に献じ、みずからも食する祭祀)には祭服、毎月一日の宮中三殿(皇居内にある賢所・皇霊殿《こうれいでん》・神殿の総称)への御拝には直衣を着用することなどが定められた(『明治天皇紀』)。

これは、宮中祭祀や国家祭祀が整備されるなかで、祭祀にかぎっては天皇の服装を従来どおりの「中古」に戻そうとするものであった。明治天皇は、再び平安時代を着たことになる。

一方、先の弘仁一一年二月詔でも、大小の神事や荷前奉幣の際に、天皇は帛衣を着ることになっていた。帛衣、つまり白い服とは、奈良時代、おそらくは古墳時代以来の「オオキミ」の服装なのであろう。このことは、神事に天皇は日本古来の神、もしくは司祭者として臨み、その他の儀式には、中国の皇帝を模した衣冠で臨むという、服装の使い分けが完成したことを意味する。つまり、神事における服がそれまでの服装をそのまま継承するという点でも、両者は見事に対応していたのである。

こうして天皇の服装は、明治、平安という二つの時代とも、外向きには西洋化、唐風化した開明的な君主、祭祀には保守的な神性の維持という奇妙な二重構造を呈するようになった。この「ダブル・スタンダード」ともいうべき服装のあり方は、軍服をスーツに変えれば、そのまま現代の天皇にも、ほぼあてはめることができる。

平安時代に対する価値観が「負」の方向に転換したのは、今見たように、たかだか今から百数十年前のことであった。しかし、平安時代は拭いきれない大きな影響を現代に至るまで与えているといってよい。本書は、この「虐げられた時代」をもう一度現代に呼び戻すことを目的とし、おおむね八世紀末の桓武《かんむ》天皇の時代から、一〇世紀後半、すなわち摂関期のはじめまでを扱うことにする。

いよいよ、平安時代に旅立つ時が来たようだ。

＊八世紀末の桓武朝以降のできごとで、史料の典拠を付けていないものは、原則として『続日本紀《しょくにほんぎ》』『日本後紀《こうき》』『続日本後紀』『文徳《もんとく》天皇実録《じつろく》』『日本三代実録』の五国史に依拠している。ただし、『日本後紀』は欠落が多いので、『類聚《るいじゅう》国史』『日本紀略』で補った場合がある。また、正史がなくなった九世紀末以降の史料については、特殊な場合以外、典拠を付していないが、典拠を知ろうとする場合には、東京大学史料編纂所編『大日本史料』第二編に当たると便利である。
なお、本書で引用する史料は、現代かな遣いによる読み下しとし、年齢は数え年とした。

目　次

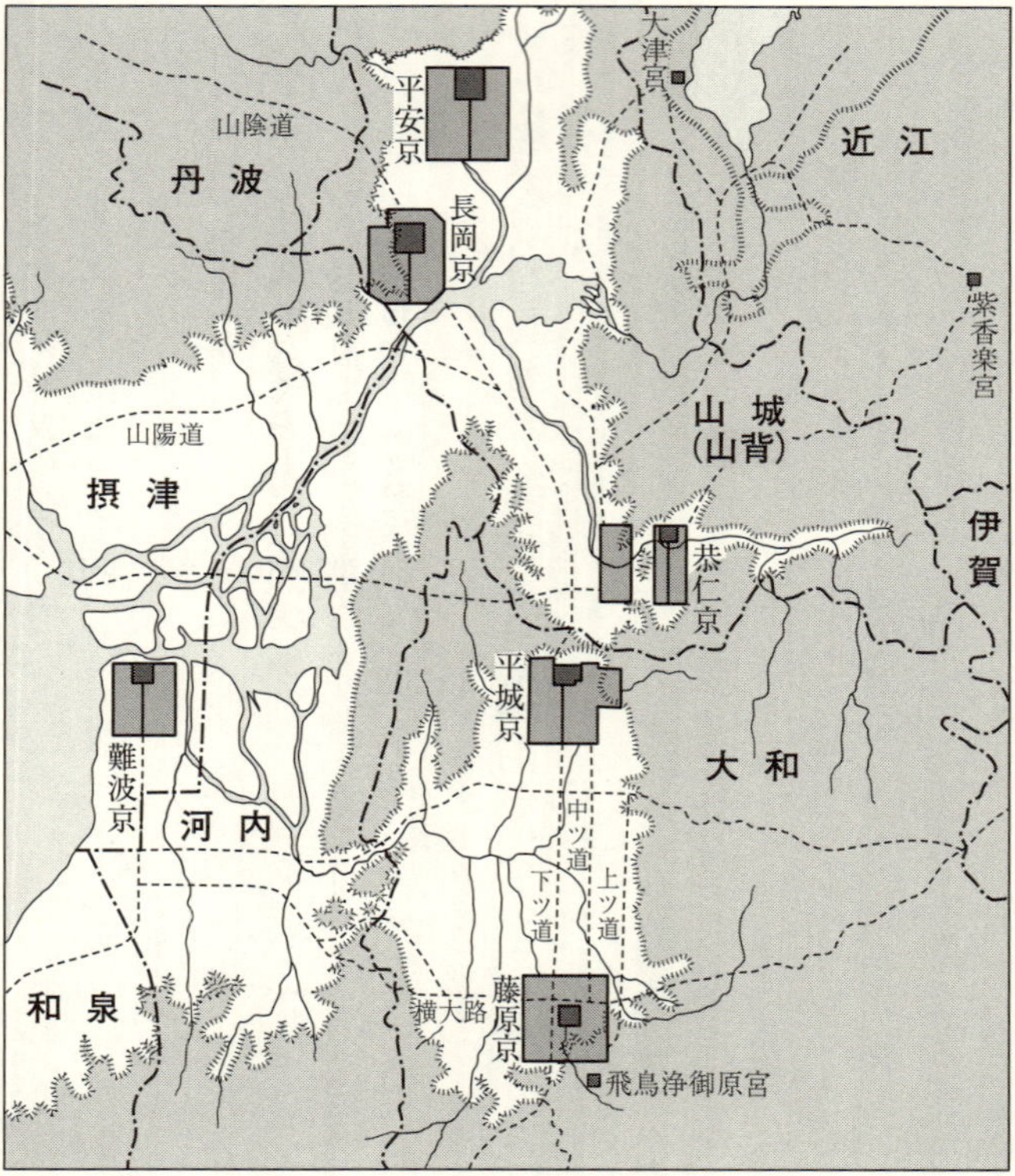
大津宮
平安京
山陰道
近江
丹波
長岡京
紫香楽宮
山城
(山背)
山陽道
摂津
伊賀
恭仁京
平城京
難波京
大和
河内
中ツ道
下ツ道
上ツ道
藤原京
横大路
和泉
飛鳥浄御原宮

古代都城位置図

第一章　桓武天皇とその時代

1　長岡京への遷都

新王朝の成立の背景

桓武《かんむ》天皇について述べる前に、彼の父、光仁《こうにん》天皇について少し述べておく必要がある。時は宝亀《ほうき》元（七七〇）年八月、聖武《しょうむ》天皇と光明子《こうみょうし》の間に生まれ、一生を独身で通した女性天皇称徳《しょうとく》が五三歳で亡くなった。これで天武《てんむ》・聖武系の正統な血統（聖武天皇と光明皇后の間に生まれた子）は絶えたのである（図1－1）。彼女の数奇な運命については本シリーズ前巻（『平城京の時代』）に譲るが、問題だったのは彼女が次の天皇を明確に指名せずに亡くなったことであった。

ここには興味深い逸話が伝わっている。称徳天皇の死後、次の天皇を誰にすべきかとの会議が持たれた。参加者は、左大臣藤原永手《ながて》、右大臣吉備真備《きびのまきび》、参議藤原宿奈麻呂《すくなまろ》（良継《よしつぐ》）・参議藤原縄麻呂《ただまろ》・参議石上宅嗣《いそのかみのやかつぐ》、近衛大将藤原蔵下麻呂《くらじまろ》である。そこで候補に登ったのは、天智《てんじ》天皇の孫に当たる白壁王《しらかべ》（後の光仁天皇、六二歳）、それに天武天皇の孫に当たる文室浄三《ふんやのきよみ》（智努《ちぬ》王、七八歳）と、浄三の弟文室大市《おおち》（大市王、六七歳）の三人であった。

このなかで、結局、白壁王が選ばれるのだが、『日本紀略』によれば、参議藤原百川等が称

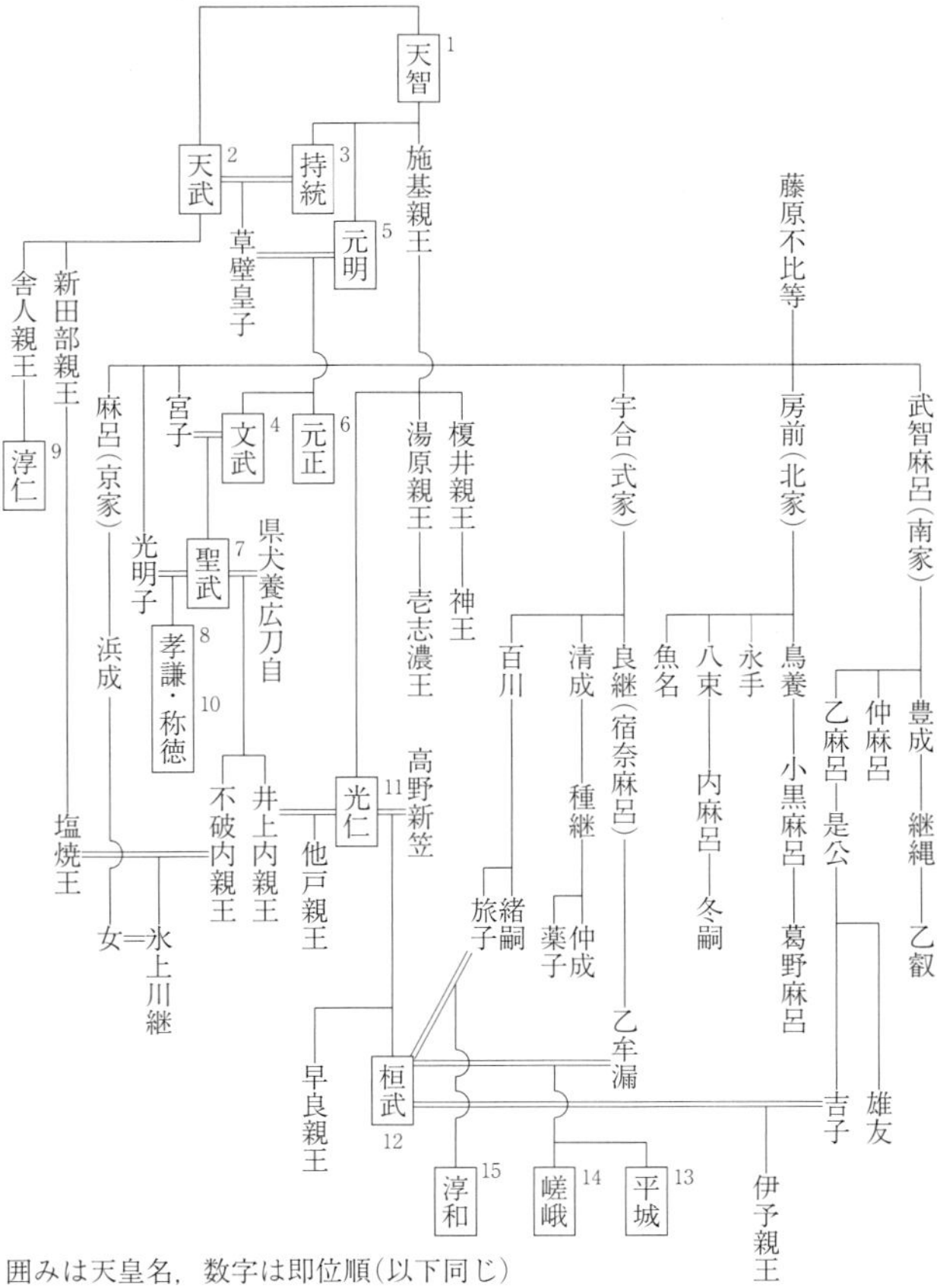

囲みは天皇名, 数字は即位順(以下同じ)

図 1-1　天皇家・藤原氏系図

徳天皇の偽の遺詔を作って読み上げさせると、真備たちは驚いてあきらめ、結局、白壁に決したという。この出典は、現存しない「藤原百川《ももかわ》伝」であり(『続日本紀』にも合議があったことはみえる)、どこまで信じられるのか不明な点もあるが、候補者はみな高齢であり、ぎりぎりの選択であったことは確かである。

しかし、白壁が選ばれたのにはそれなりの理由もあった。それは彼の妻が、聖武とその夫人《ぶにん》県犬養広刀自《あがたいぬかいのひろとじ》の間に生まれた井上内親王であり、白壁との間に他戸《おさべ》親王も生まれていたからである。つまり、この段階に至ってもまだ聖武の血統を重視したのではないか、と推測されるのである。この考えでいけば、白壁の即位の真の目的は、将来、他戸親王を即位させることにあったということになる。なぜなら、彼こそは聖武の血を引く男子であり、祖母の家柄は藤原氏より低いとはいえ、即位すれば天武(聖武)系天皇の復活になるからである。

換言すれば、光仁天皇はワンポイント・リリーフ、つまり中継ぎ天皇ということになる。しばしば、光仁の即位をもって、天武系から天智系への大きな転換といわれ、後世からみればそのように映るかも知れないが、ことはそれ程単純ではなかった。

こうして、光仁天皇が誕生した。そして、同年一一月には井上内親王を皇后にし、翌宝亀二(七七一)年正月には、他戸親王を皇太子とした。また、井上の立后と同時に、光仁の父である施基《しき》親王に春日宮御宇天皇《かすがのみやにあめのしたしろしめししすめらみこと》を、翌年にはその妻紀橡姫《きのとちひめ》に皇太后を追贈(死後に官位を贈ること）した。光仁は、自己の血統が天智系であることをアピールしたのである。

しかし、この思惑は成功しなかった。宝亀三年三月、井上皇后は、光仁天皇を呪詛した罪を問われてその地位を追われ、また、他戸皇太子も廃太子となった。呪詛が史実がどうかはわからないが、強いて彼女が天皇を呪詛する理由も見当たらない。陰謀の匂いもする。事件の背景には、宝亀二年二月、光仁即位に大きな功績があった左大臣藤原永手が亡くなったことがあろう。享年五八歳で、廟堂の長老的存在であった。彼の死去によって、一気に事態が動いたと言えるだろう。

宝亀四年正月、他戸に代わって皇太子になったのが山部《やまべ》親王（後の桓武天皇）である。しかし彼は、普通ならば皇太子になれるような立場になかった。なぜか。それは、母方の出自と関係する。当時、天皇となるためには、父親が天皇ならば誰でもよいというわけではなかった。母親の出自も重要であったのだ。できれば皇親の出身が望ましいが、光明子が立后して以降は、藤原氏出身者にもその道は開かれた。逆を言えば、それ以外の氏族出身の女性の子には、天皇となる資格は一般的になかったのである。

それでは山部はどうか。母である高野新笠《たかののにいがさ》は、百済《くだら》系渡来人 和 乙継《やまとのおとつぐ》の子で、光仁の夫人であった。当時のキサキには、妃《ひ》・夫人・嬪《ひん》という序列があり、夫人は妃に次ぐもので、格別高い位というわけではなかった。したがって、本来、山部に皇位継承の資格はなかったものの、他戸の廃太子によって、皇太子が転がり込んだといった方が正確かもしれない。

注目すべきは、彼が立太子した直後、宿奈麻呂の娘乙牟漏《おとむろ》が東宮妃となったことである。おそらく桓武を後押ししたのは宿奈麻呂や百川であり、井上母子を排除したのも彼らであった可能性があるだろう。

井上内親王母子は、事件後、大和国宇智郡《うちぐん》（現奈良県五條市）へ幽閉され、宝亀六（七七五）年四月、二人は同日に亡くなった。これも不自然で他殺の可能性も捨てきれない。このしばらく後から、山部親王は病気がちになり、宝亀八年一二月には、井上内親王を改葬し、「御墓《みはか》」として厚く遇することになった。母子の霊に対する怯えである。山部にとって、この二人の死にまつわる出来事は、最初の精神的苦痛の原因となったのであろう。

「王朝交替」の演出

こうして山部親王は、天応《てんおう》元（七八一）年四月、病を患っていた光仁天皇（同年一二月没）に代わって桓武天皇として即位した。しかし、桓武に対する反発は根強かった。延暦《えんりゃく》元（七八二）年閏《うるう》正月には氷上川継《ひかみのかわつぐ》という人物が謀反未遂の罪で捕らえられ、伊豆国に配流された。川継の従者が密告により捕らえられ、川継を皇位につけようとする策謀があると自白したからであった。彼の祖父は、天武の皇子新田部《にいたべ》親王で、父は孝謙《こうけん》天皇の時、一度は皇太子候補となった氷上塩焼《しおやき》（塩焼王）、母親は井上内親王の妹不破《ふわ》内親王であった。この事件は別の意味でも重要である。すなわち、川継の排斥をもって、天武（聖武）系の男性皇親が一人もいなくなったのである。事件の真相は不明であるが、川継が桓武に対して反旗を翻してもおかしくない血統と立場にあったことだけは確かであろう。

このように、桓武朝の政権基盤は、当初きわめて脆弱であった。また、桓武自身も、自分の出自を含めて、コンプレックスを抱いていたとみて誤りない。このような状況を打破するにはどうすればよいか。桓武は中国文化を参照して王朝交替にその論理的根拠を求めようとした。変革を人々に印象づけるために桓武がとった最大の政策は遷都であるが、この点は項を改めて述べることにし、ここではそれ以外の特徴的事象について触れておく。

第一は、皇統の革新の強調である。天武(聖武)系から、天智系に皇統が変化したことを明示するために、桓武は即位を宣言する宣命《せんみょう》をそれまでのものから変化させた。桓武による即位宣命は次のようなものである(『続日本紀』)。

> 掛けまくも畏《かしこ》き現神《あきつみかみ》と坐《いま》す倭根子《やまとねこ》天皇《すめら》が皇《おおきみ》、この天日嗣高座《あまつひつぎたかみくら》の業《わざ》を、掛けまくも畏き近江《おうみ》大津宮《おおつのみや》に御宇《あめのしたしらへ》しし天皇の勅《の》り賜ひ定め賜える法のまにまにうけ賜わりて仕え奉れと仰せ賜い授け賜えば……

「近江大津宮に御宇しし天皇」とは天智天皇のことである。それまでの即位宣命が事細かに即位の経緯を述べているのに対して、ここでは皇位を継ぐ正統性の根拠が、天智天皇が定めた法（不改常典《ふかいのじょうてん》）に基づいて父光仁天皇から皇位を受け継いだことに単純化されている。天智―光仁という新たなラインを強調するようになったのである。

また、延暦四（七八五）年五月には、光仁の諱《いみな》（身分の高い人の実名）である白壁（もともとは部民《べみん》「白髪部《しらがべ》」のこと、乳母《めのと》の出身した部名に因むか）を「真髪部《まがみ》」に、自分の諱の山部を「山」に変更させた。これを避諱《ひき》といい、天皇など身分の高い人物の実名を避ける、中国の影響を受けた制度である。

さらに、桓武は、延暦四年一一月と延暦六年一一月に、長岡京の南、河内国交野《かたの》（現大阪府枚《ひら》方市《かた》）で昊天《こうてん》祭祀を行った。ちなみに交野は母高野新笠の出身母体である百済《くだらのこにきし》王氏の本拠地であった。昊天祭祀とは、本来、中国の皇帝が都城の南にある円墳状の高まり（円丘）上で、天帝と自分が属する王朝の初代皇帝を祀る祭祀である。例えば、唐では初代李淵《りえん》を祀っている。ところが、桓武は、「天神《あまつかみ》」とともに光仁天皇を祀った。つまり、桓武は光仁を初代天皇に比定し、父の代で王朝交替が起きたことをアピールしようと考えたのである。もちろん、王朝交替といっても、中国のように氏族までも代わってしまうような劇的なもの（易姓革命《えきせい》）ではない。しかしこうした祭祀を行うことが、桓武にとっては、新たな王朝を強調するためにどうしても必要であった。

第二に、暦の問題がある。桓武は辛酉《しんゆう》という干支《かんし》(十干と十二支を組み合わせた年の表記法、一巡するのに六〇年かかり、それが還暦である)にこだわったのだ。古来、中国では辛酉や甲子《かっし》、とくに辛酉の年には大きな変革(革命)があると考えられていた(讖緯《しんい》説)。この考え方は、はやく日本に伝えられ、例えば『日本書紀』でも、伝説上の初代天皇神武《じんむ》の即位年を「辛酉年」としている。

桓武もこの考え方を取り入れ、辛酉年に即位した。また、長岡遷都の年は甲子年で、平安遷都の詔も辛酉の日に下された。さらに、桓武は牛を殺して神(漢神《からかみ》)を祀る大陸伝来の祭祀を禁止したが、その理由は彼が丑《うし》年生まれだったからである。生まれ年の動物の殺生を禁じた例としては、徳川五代将軍綱吉が有名であるが(犬公方《くぼう》)、それよりはるか前にも同様の政策をとった人物がいたことになる。

桓武は、今で言えば、験担《げんかつ》ぎが好きだったようだが、迷信や俗信を信じやすかったとみることもできる。このような性格もまた、後に御霊《ごりょう》信仰の虜となっていく大きな原因であろう。だが、最大の変革を人々に印象づけたのは、何といっても二度にわたる遷都である。次に、その具体的なようすをみていこう。

なぜ、長岡だったのか

長岡京は現在の京都市の南、桂川と西山にはさまれた律令制下の乙訓郡《おとくにぐん》(現京都市・向日《むこう》市域)に位置する(図1-2)。長岡丘陵を中心にして東に淀川に注ぐ桂川、

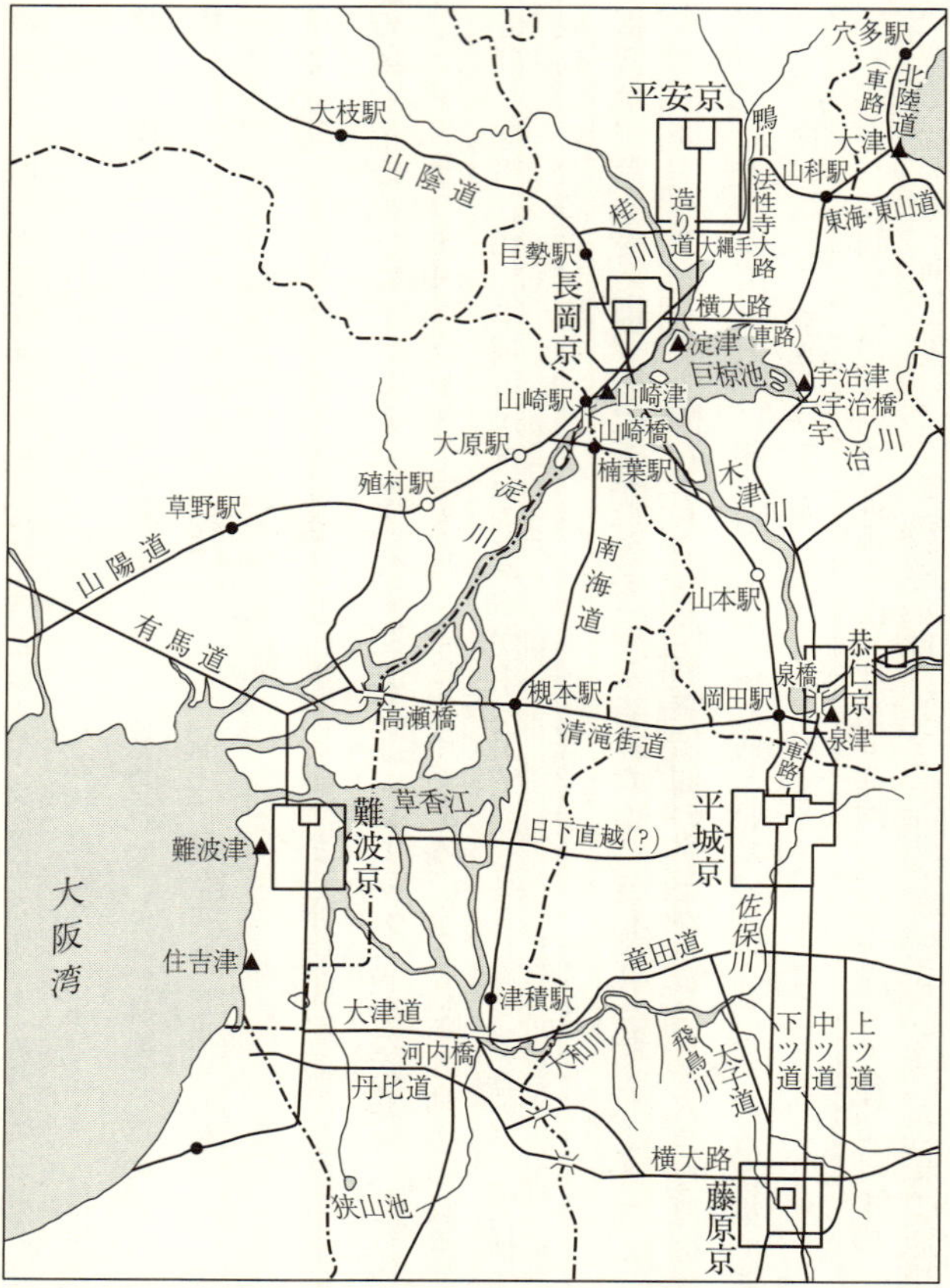

図 1-2　畿内の宮と交通(●は『延喜式』にある駅，○は不載の駅)

中央には小畑《おばた》川が流れる沖積地にあり、大極殿《だいごくでん》と朝堂院《ちょうどういん》は長岡丘陵の南端近くの高所にある。

長岡京への遷都の理由としては、前記の王朝交替の意識が大きいが、水陸の交通の便が良いことも重要である。『続日本紀』には「水陸の便あるを以て、都を茲《こ》の邑《ゆう》に遷《うつ》す」（延暦六年一〇月条）、「水陸の便有りて、都を長岡に建つ」（七年九月条）などとある。それまでの平城京は外港として木津川の泉津《いずみのつ》を用いていたが、物資を運搬するには奈良山を越えなければならなかったのに対して、長岡京は桂川に面し、宇治川・木津川の合流地点とも近接していた。しかも、遷都の翌年には三国《みくに》川が開削されて淀川水系とつながり、長岡京と難波津《なにわづ》、引いては瀬戸内海とも直結することになった。また、この地には山陽道《さんようどう》や山陰道《さんいんどう》も通り、西国への陸上交通の上でも要衝であった。

ついで、しばしば指摘されるところだが、平城京および外京《げきょう》には、東大寺・西大寺などの官大寺、興福寺などの氏寺《うじでら》が多くあり、また、玄昉《げんぼう》や道鏡《どうきょう》を例にあげるまでもなく、政治と寺院・僧侶との癒着や反目が起きたことも遷都の理由としてあげられる。そもそも、古代日本では、都城と寺院が分かち難く結びついているのが普通であり、奈良時代はその究極の状態にあった。しかし桓武は、長岡京に平城京からの寺院の移転、また新たな建立を許さず、平安京でも東寺・西寺といった官立寺院を除けば同様であった。この面からみても、桓武の思想は異色であった。

さらには、渡来人との関係も視野に入れておく必要がある。すでに述べたように桓武の母は百済系渡来人の娘で、その本拠地河内国交野は淀川の対岸にあり、長岡と至近の距離にあった。また、古くから山背国《やましろ》には新羅《しらぎ》系渡来人の秦氏《はた》が居住しており、土木技術に優れていた。桓武は渡来人に対して親近感を覚えていたこともあり、彼らの技術力を造都に利用することを考えていたとみられる。

遷都の実際

それでは、最初に文献史料から長岡遷都のようすをみていこう。まず、『続日本紀』によれば、延暦元(七八二)年四月には、造宮省《ぞうぐう》など平城京の造営にかかわってきた官司が廃止され、後の造長岡宮使《ぞうながおかぐうし》となる佐伯今毛人《いまえみし》が左大弁に転じた。ついで、延暦二年三月に和気清麻呂《わけのきよまろ》が摂津大夫《せっつのだいぶ》に任命されたことは見逃せない。延暦三年五月に、遷都の予兆として摂津職《せっつしき》(職は官庁のこと)から蝦蟇《がま》の行列が報告され、その直後に長岡遷都が決定した。また、後述するように長岡宮の中枢部は摂津職のあった難波宮《なにわのみや》から移建されたことからすれば、清麻呂の任命は、遷都を前提としていた可能性が高い。

桓武は延暦二年一〇月、河内国交野に行幸《みゆき》・狩猟したが、この地は、百済王氏の本拠地であり、乙訓郡を遠望できる場所であった。おそらく、遷都のための下見を行ったのであろう。

こうして決まった遷都のために、延暦三年六月には造長岡宮使が任命された。長官として中納言藤原種継《たねつぐ》・左大弁佐伯今毛人・参議紀船守《きのふなもり》・石川垣守《かきもり》が確認できる。しかし、遷都に反対する者も多かったらしい。遷都直前の一〇月には、平城京で掠奪や放火が横行したため、鎮京使《ちんきょうし》が任命された。

しかし桓武は臆することなく、延暦三年一一月一一日に遷都を行った。短期間で遷都が可能となったのは、聖武天皇が築いた後期難波宮を解体・搬入し、長岡の地で再度組み立てたためである。この点は、長岡宮の朝堂が前期難波宮、藤原宮、平城宮と異なり八堂で、後期難波宮と共通すること、遷都当初の建物の周辺から、後期難波宮で使用された瓦（重圏文《じゅうけんもん》軒丸瓦・重郭文《じゅうかくもん》軒平瓦）が多量に出土することからもうかがい知ることができる。

工事についてみると、延暦三年一二月に造宮に功績があった者たちが褒賞されているから、この頃までには内裏《だいり》や大極殿が完成したと思われ、現に翌年正月には大極殿で朝賀《ちょうが》（元日の儀式）が行われた。当時大量の労働力が投下され、同年七月にはのべ三一万人の人々を動員していたことがみえる。しかし、太政官院《だじょうかんいん》（朝堂院）の造作は遅れ、延暦五年七月にようやく完成し、官人たちが朝座《ちょうざ》（朝堂の座席）に着いたことがみえる。

一方、京については、延暦五年五月に、平城京、そしてその東西市から移住してきた人たちに稲などを賜っており、徐々に造作が進んだことがうかがえる。おそらく、この頃には平城京の建物の移築もはじまったのだろう。このあたりの事情について、『続日本紀』は多くを語らないが、延暦一〇年九月には、八カ国に命じて平城宮の諸門を移築させた。このことは、平城京の廃都を決定的にしたことであろう。

このように、最初から平城宮に手をつけず、難波宮の移築からはじめたのにはねらいがあった。難波宮の方が、河川交通の便が良く、長岡造営にとっては好都合であった。それればかりでなく、まだ複数の宮都があっても不思議ではない時代であったから、最初に陪都の後期難波宮の建築物のみを動かし、そのあと平城宮からの移築を行うことで、遷都を既成事実化し、最後に平城を廃都にする。そうすれば、人々に動揺は起きにくいと考えたのであろう。巧妙な戦略である。

掘り出された長岡京

次に、実態面を考古学から探ってみよう。長岡京や長岡宮については、現在も発掘調査が継続中で、かつ異なった復元案がある。ここでは、従来の説を参照しつつ、近年の案で説明する。ただし、今後、訂正が生じる可能性も十分あることをあらかじめお断りしておきたい。

まず、位置関係を確認しておくと、宮の北端を通る北一条大路から二町分北に延長した北京極大路を北辺、九条を南辺と復元した従来の説に対して、近年では北一条大路は宮に面さず、それから二条分(長さにして八町)北までを京域に、南は八条までを京域と復元している(図1-3)。東西は東四坊から西四坊までと考えられていたが、最近では、北東、南東は桂川に、南西角は小泉川によって切られ、北西角は長岡丘陵によって条坊が施行されず、左右対称ではな

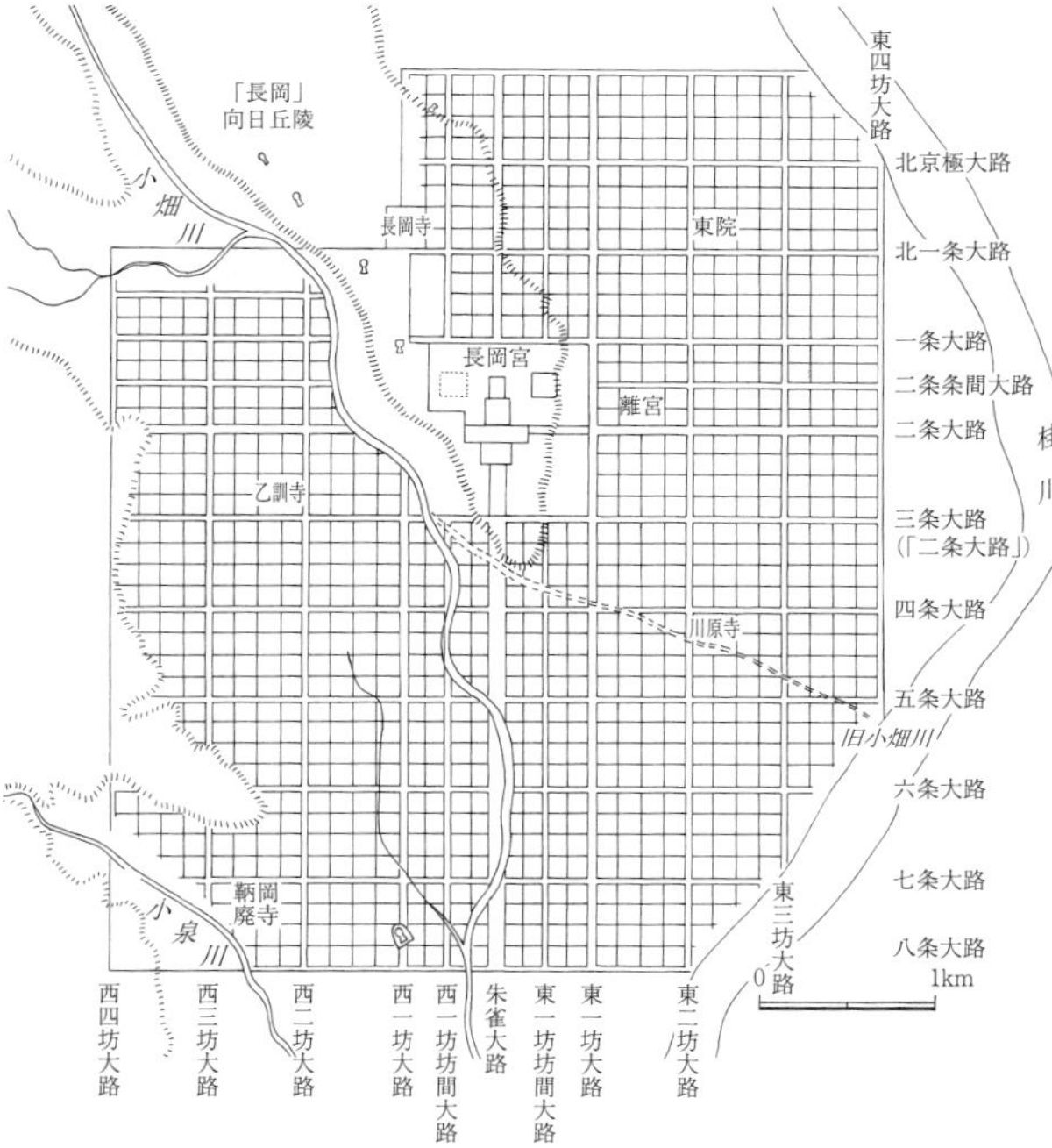

図 1-3　長岡京復元図(梅本康広説による，一部改変)

かったと考えられるに至った。この復元案によれば、長岡宮は、それまでの都城のように、京域の北端に接することはなかったことになる。

朝堂院が八堂である理由はすでに述べたが、難波宮と異なった点もある(図1－4)。まず、平城宮までは大極殿院の北側の回廊と一体化していた建物を後殿(平安宮の小安《しょうあん》殿《でん》に相当)として独立させた(その意味は後述)。ついで、朝堂院の南門(平

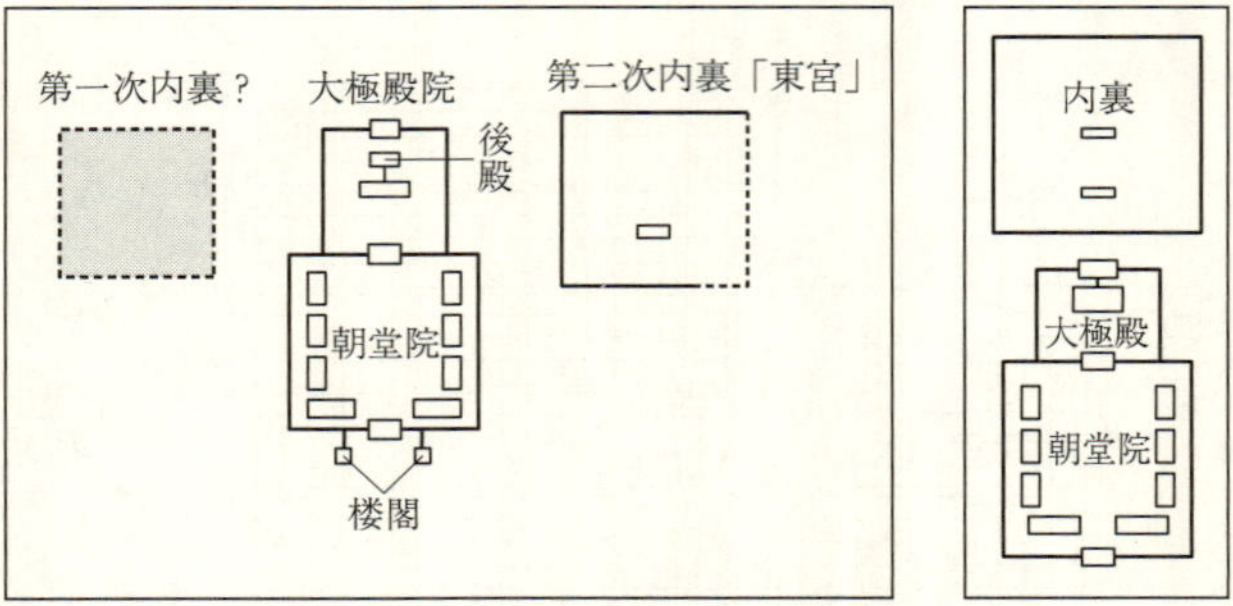

図 1–4　長岡宮配置図（左）と後期難波宮配置図（右）

安宮では応天門）の西に楼閣建築が新たに取り付いた。これは平安宮に継承され、そこでは翔鸞楼《しょうらんろう》と呼ばれることになる。当然対になる楼閣（平安宮では栖鳳楼《せいほうろう》）も東に存在したであろう。

内裏（天皇の住まう空間）には、第一次内裏の「西宮《にしのみや》」と第二次内裏の「東宮《ひがしのみや》」がある。このうち東宮は、延暦八（七八九）年二月に、天皇が西宮から移った記事が初見である。東宮は、大極殿院の東側に存在することがわかっていたが、西宮については、大極殿院の北側にあったとする従来の説と、大極殿院の西側に推定する説があった。ところが、二〇一〇年一二月、向陽《こうよう》小学校の敷地から複廊《ふくろう》（断面は柱間《はしらま》二間《けん》、つまり柱は三本）をとる回廊の北西角が発見された。雨《あま》落溝《おちみぞ》（軒先から落ちる水滴を受ける石敷きの排水溝）の北西角も外側・内側ともに奇跡的に残り、軒の張り出し具合もわかった。以前からの発掘とあわせると、南北一四〇メートル程の規模と考えられ（東西は不明）、東宮よりも少し小ぶりではあるが、西宮に当たる可能性がある。推定地の隣には向日神社が鎮座し、眺望のよい高所である。シンメトリーではないが、内裏が大極殿院を中心にして東西に位置したことになる。これこそが西宮・東宮の語源なのであろう。ただし、東宮が遷都の最初から存在したのか否か、そして、なぜ二つの内裏が存在したのかという理由については、いくつかの説はあるが、現状では不明である。

さて、この遺跡を西宮に比定してよいとすると、平城宮までの都城とは異なり、長岡宮ではじめて大極殿・朝堂院と内裏が分離し、その形式が平安宮に継承されたことになる。この意味は重大である。もともと平城宮では、重要な政務は朝堂院で審議され、必要とあれば、大極殿に出御した天皇に判断を仰いでいたが、次第に大極殿・朝堂院は儀式の場となり、実質審議は内裏で行われるようになったらしい(第三章)。その直接的原因が、長岡宮で大極殿院・朝堂院と内裏が離れたことに求められる可能性が生じたのである。こうした変化が地形に制約されたためなのか(大極殿院の後方は傾斜地となっていて内裏に適さない)、桓武の積極的な意思によるものなのかは不明であるが、このような可能性があることからみても長岡京の意義は決して小さくない。

また、先述のように、長岡宮では、それまで大極殿院の北側の回廊と一体化していた建物を大極殿後殿として独立させたが、それは内裏と大極殿院が分離した結果、天皇の控えの場が必要になったためとも考えられる。いずれにしろ、大極殿院西側の遺構が西宮に当たるのか否かという点は、長岡宮全体の性格を考える上でも大きな意味を持つことになろう。

藤原種継の暗殺

さて、当初は順調そうにみえた長岡京遷都ではあるが、しだいに多くの問題が噴出した。その一つが藤原種継の暗殺事件である。種継は、藤原式家《しきけ》宇合《うまかい》の孫、清成《きよなり》の子で、百川や蔵下麻呂の甥に当たる。桓武は種継に絶大な信頼を寄せ、造長岡宮使に任じた。種継もこの信頼に応え、長岡の造営に辣腕を振るっていた。彼の母が山背国の秦氏の出身であったことも、造営には有利に働いた。秦氏は、新羅系の渡来人として知られ、厩戸皇子(聖徳太子)の側近であった秦河勝《はたのかわかつ》も一族である。その氏寺は、飛鳥時代の彫刻の白眉といわれる宝冠《ほうかん》弥勒《みろく》半伽《はんか》思惟像《しゆいぞう》を所蔵する太秦《うずまさ》の広隆寺《こうりゅうじ》(京都市右京区)である。秦氏は、葛野《かどの》大堰《おおぜき》(嵐山渡月橋《あらしやまとげつきょう》のすぐ上流)といった灌漑施設を造営するなど、古くから土木技術に優れており、その能力が長岡京の造営に利用された。渡来系氏族を母に持つ桓武は、種継に親近感を覚えたのかもしれない。

事件が起きたのは、延暦四(七八五)年九月二三日の夜のことであった。当時、夜を日に継いで造営工事が行われ、夜にもかかわらず種継も松明《たいまつ》を焚いて陣頭指揮に当たっていた。その彼が矢を射かけられ、翌日亡くなったのであった。

長岡京造営の推進役であった種継の死は、桓武にとって大きな痛手となった。そのため、桓武は犯人たちに対して厳しい処罰を与えた。以下は『続日本紀』ではなく、『日本紀略』のみに見えるのだが、翌日、大伴継人《つぐひと》・竹良《つくら》たちが捕らえられ、尋問の末、彼らは共犯者を名指し、あわせて事件の直前に亡くなっていた中納言大伴家持《やかもち》が大伴氏と佐伯氏に相談し、皇太子の早良《さわら》親王にも諮って事件に及んだと証言した。その結果、事件に関与したとされた者たちは、斬首や配流となり、家持も官位を剝奪された。なかには、種継の柩の前で罪状を告げられ斬刑に処された人物もいた程である。

禍は当然早良親王にも及んだ。彼は九月二八日に京内の乙訓寺に幽閉され、皇太子の地位を追われた。さらに、淡路国に護送される途中、抗議のため十数日も水食を断って(一説には絶食を強いられて)亡くなったが、遺体はそのまま淡路に葬られた。

この『日本紀略』の記述は、現存する『続日本紀』より一つ前の原『続日本紀』に依拠したと考えられる。正史(国家が編纂した歴史書)としてはあまりに生々しく、早良の怨霊が取りざたされるようになった段階で、『続日本紀』から削除されたらしい。

この事件は、長岡京遷都に根強い反対勢力があったことを示している。事件の真相は不明であるが、大伴・佐伯氏は、大化前代から続く氏族であり、保守的だったのだろう。

また、早良は、もともと南都のいずれかの寺院で僧籍にあったらしく、兄が皇太子に任命されたことにともなって、還俗したと推測される。したがって、平城京を捨て、南都寺院の長岡京への移転を許さなかった桓武とは、異なった意見を持っていたらしい。桓武と乙牟漏の間に安殿《あて》親王（後の平城《へいぜい》天皇）が誕生していたこともあり、微妙な早良の立場に対して、種継暗殺事件が利用されたことは確かであろう。

2　平安京の成立

長岡京廃都

桓武は、是が非でも天武系天皇が造営した平城京を捨て、新たな都へ移りたかった。それが長岡京であった。しかし種継の死後、この造営は思うようには進まなかった。それにはいくつかの理由が考えられる。まず、第一は、水害との戦いであった。水上交通の便の良さは、洪水の発生と隣り合わせであった。桂川や小畑川が氾濫すれば、ただちに京は冠水し、水害に襲われた。実際、延暦一一（七九二）年六月には雷雨により式部《しきぶ》省の南門が倒壊し、八月には大雨による洪水があり、桓武は赤日崎《あかひさき》で洪水をみている。

第二には、しばしば指摘されることであるが、早良親王の怨霊への畏《おそ》れである。確かに怨霊の祟りが強く意識されるようになったのは平安遷都以降であり、長岡造営難航の理由としてこれのみを強調することは正しくない。しかし、延暦一一年六月には、皇太子安殿親王が久しく病んでおり、その原因が早良親王の祟りとされ、親王が葬られた淡路国に使者が派遣されて霊に謝し、墓に墓守が置かれたことは見逃せない。やはり、長岡廃都の理由の一つにあげるべきかと思う。

第三には、構造上の欠陥である。長岡京では、大極殿・朝堂院地区は長岡丘陵の上にあったが、その周辺はいずれも傾斜地になり、京域は低地にあった。そのため、丘陵を切り開いて、雛壇状に傾斜を緩和する工事が行われていたことも確認されている。しかし当時の土木技術では限界があった。延暦八(七八九)年二月に、天皇は第二次内裏となった東宮に移ったが、この場所は大極殿・朝堂院より数メートル低い位置にあり、雨水が直接流れ込んでいた可能性も指摘されている。後掲の『和気清麻呂伝』が伝えるように、長岡京が遷都後一〇年経っても完成しなかった原因には、もともとの立地上の欠陥もあったと思われる。

遷都計画のはじまり

それでは、いつ頃平安京への遷都が計画されたのであろう。下限は、延暦一二(七九三)年正月、桓武天皇が臣下に命じて、遷都のため山背国葛野郡の地相を下見させたことであるが、和気清麻呂が亡くなった際の伝記には(『日本後紀』)、

長岡新都、十載を経るとも未だ功成らず。費《つい》え勝《あげ》て数《かぞ》うべからず。清麻呂潜《ひそ》かに奏す。上(桓武)遊猟に託して葛野の地を相《み》せしめ、更に上都《じょうと》に遷《うつ》す。

とあり、清麻呂が狩猟にかこつけて、桓武に新都の地相を下見させたことが指摘されている。延暦一一年には、桓武は一五回以上にわたって狩りや行幸に出かけているから、延暦一一年に遡ることは確実であろう。一方、上限は、延暦一〇年九月に、平城宮の門を解体して長岡に運ぶことを命じた時となる。どうやら、桓武は、延暦一一年のいずれかの時点で遷都を決めていたと言えそうである。

そこで注目したいのが、先に述べた延暦一一年六月の二つの事件、大雨による南門の倒壊と皇太子の病気である。しかも、この月のはじめには、東北と九州を除き軍団(諸国に置いた兵団)を廃止し、代わって健児《こんでい》(郡司などの子弟を兵士とする制度)を置くという大軍縮を実施している。軍役から解放された労働力は、中部以西は造都に、東国は征夷に振り向けるためであったと考えられる。あるいはこの時、桓武の念頭にすでに遷都があったのかもしれない。洪水と怨霊、そして潜在的な長岡京の構造的欠陥が相まって、桓武は遷都に踏み切ったのではなかろうか。

それでは、具体的に遷都はどのように進められたのであろうか。延暦一二年正月一五日に、新都の地(葛野郡宇太《うだ》村)を藤原小黒麻呂《おぐろまろ》・紀古佐美《こさみ》に見させたことは先述した。その六日後には、長岡宮を壊すため、はやくも天皇は長岡京の東院に移った。東院は、発掘調査が実施されており(図1-5)、大極殿院の北東に位置し、二町四方の規模で、前殿・後殿、東西の脇殿から構成されている。大極殿と東院の位置関係、そして基本的な東院の建物配置は、平安宮内裏の原型となったらしい。

二月には、葛野郡の地主神《じぬしのかみ》である賀茂《かも》神に遷都を告げ、三月には新宮を巡見、宮に取り込まれる百姓《おおみたから》(公民)に恩恵を施し、伊勢大神宮に遷都の旨を報告した上で、政府の高官から造宮に従事する役夫《えきふ》を進上させた。六月には新宮の諸門を造らせ、七月には造宮使等を褒賞した。

実は、この時期から興味深い現象がみられるようになる。『日本紀略』などの記述をみると、七月以前、桓武は、主として「宮」を巡見していたが、以降はもっと範囲を広げて「京」を重点的に巡見するようになった。おそらく、平安京の造営が本格化したのであろう。そして九月には官人たちに京の宅地を班給している。

図 1–5　長岡宮東院出土の墨書土器

平安京の巡見・行幸は、長岡京の場合と大きく異なっている。長岡京の場合は、遷都するまで桓武は一度も現地に足を運んではいない。平城京と長岡京との距離は離れているが、それ以上に平城京を留守にすることができなかったのであろう。それに比べて平安京は、近臣の家への行幸も含めれば、遷都までに一〇回以上も訪れている。これは、長岡京と平安京の距離が近いだけの理由ではあるまい。桓武の都造りへの情熱が感じられる。

平安京遷都

さて、延暦一三（七九四）年には、工事もかなり進捗したらしい。七月には東西市を新京に移し、いよいよ一〇月二二日に桓武は新京に移御した。そして、二八日には遷都の詔を下した（『日本紀略』）。

葛野の大宮の地は、山川も麗しく、四方《よも》の国の百姓も参り出で来る事も便にして……

その詔は一部分しか残されていないが、平安京を取り巻く環境のすばらしさと、交通の至便さをあげている。『日本後紀』が残っていればさらに詳しく平安京が選ばれた理由を知ることができたはずだが、残念である。

同日には、遷都に功績のあった者たちに、大規模な叙位・任官がなされた。桓武朝では基本的に公卿《くぎょう》の数が制限され、とくに藤原氏に対して厳しかった。ところが、この度の叙任では、七人の公卿の内、五人が対象となり、新たに藤原内麻呂《うちまろ》・真友《まとも》・乙叡《たかとし》が公卿に列せられている（『公卿補任《ぶにん》』）。平安京の造宮使は、長岡京よりも小規模であるといわれているが、公卿が一丸となって造都に当たったと思われ、造営組織もかなりしっかりしていた可能性がある。

その他、注目すべき人物として和気清麻呂もはずせない。清麻呂が桓武に平安遷都を勧めたことは先に述べたが、彼自身は民部卿《みんぶきょう》に、造宮亮《すけ》の菅野真道《すがのまみち》も民部大輔《たいふ》に、造宮判官《じょう》には清麻呂の子広世《ひろよ》が、造宮主典《さかん》には民部少録《しょうろく》飛騨国造《ひだのくにのみやつこ》青海《おうみ》が任じられていた。いずれも民部省関係か清麻呂の血縁関係にある人物である。造営には莫大な費用がかかる。また、清麻呂は長岡京造営時に難波京があった摂津国の大夫に任じられていた。こうした遷都の経験が評価されたのと、財政支出を円滑にするため、清麻呂が重要なポストにつけられたのであろう。

一一月には好い字が選ばれ、「山背国」から「山城国」に改められた（「背」にはそれまで都があった大和からみて背後という意がある）。そして、この月、造宮使は、京中の大小の路・築垣《ついがき》・堀・溝・条坊などの規格を天皇に奏上したが、これは桓武の求めに応じた回答であった（『口遊《くちずさみ》』）。この「造京式」は、後に平安京の基本プランを詳細に記した『延喜式』の「京程式」に継承されたらしいが、桓武みずからが平安京の規格・設計に積極的に関与したことがうかがえ、巡見の多さとともに、平安京にかけた彼の執念を垣間見ることができる。

翌延暦一四年正月の踏歌節会《とうかのせちえ》には、

新京楽《しんきょうらく》、平安楽土《へいあんらくど》、万年春《まんねんしゅん》

という音楽が奏せられた。暗い思いが澱《おり》のように積み重なった長岡を後にして、平穏な生活を送りたいとの思いが、「平安京」という名にはよくあらわされている。

平安宮の構造

まず、平安宮の構造の概略を復元図をもとに述べておこう(図1-6)。朱雀大路《すざくおおじ》を北上すると、突き当たった場所には朱雀門があり、さらに進むと朝堂院の南門としての応天門がみえる。その左右には、長岡宮から新たに取り付くようになった翔鸞楼と栖鳳楼という二つの翼楼が望まれる。さらに直進すると朝堂院に達する。長岡宮では八堂であったが、平安宮では再び一二堂に戻された。中央には広大な「朝庭」と呼ばれる広場が広がっている。さらに直進すると、大極殿に通じる竜尾道《りゅうびどう》という坂道があり、大極殿に至る。大極殿と朝堂院は、長岡宮まで大極殿閤門《こうもん》により仕切られていたが、平安宮にはそれがない。朝堂院から大極殿は一望できるようになった。また、大極殿の後には長岡宮段階で回廊から独立した小安殿《しょうあんでん》が取り付いている。

朝堂院の西隣にあるのが豊楽《ぶらく》院である。豊楽殿を門の正面に四堂から構成され、宴会や節会などの儀礼に用いられた。長岡では、こうした施設は今のところ確認されていない。

大極殿の東北には内裏がある。正面に内裏南殿《なでん》(後の紫宸《ししん》殿)、その奥に寝殿《しんでん》(後の仁寿《じじゅう》殿)が配列されている。さらに奥には、后妃の住まう空間、女官の空間など多様な建物・空間が広がる(五七頁、図2-2)。一方、朝堂院・豊楽院・内裏の周りには、太政官や宮内省など、二官八省の事務空間(曹司《そうじ》)が取り巻き、北辺には倉庫群が林立していた。

しかし、平安宮の造営は、一朝一夕にできたものではなかった。延暦一四(七九五)年正月に

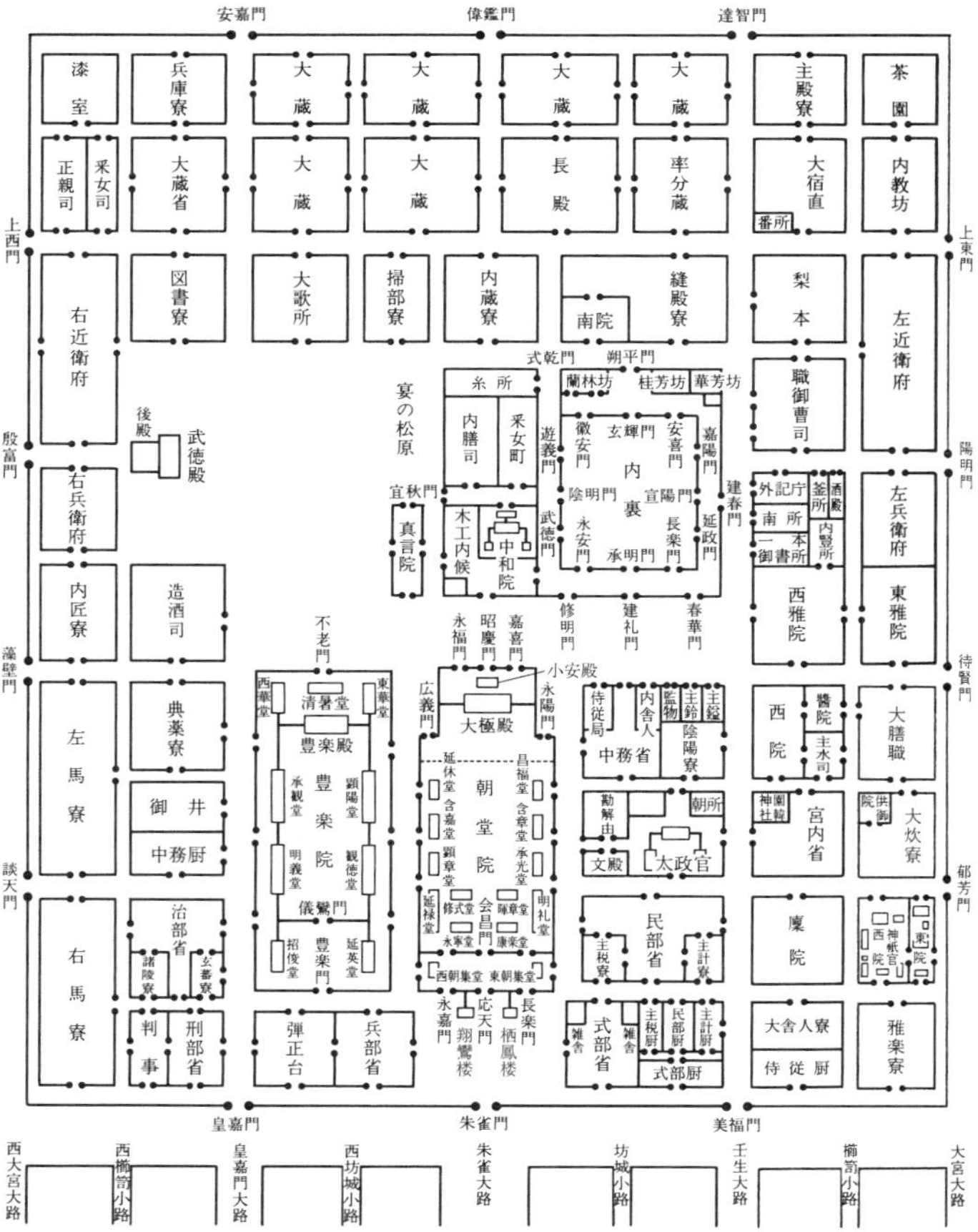
安嘉門
偉鑒門
達智門
漆室
兵庫寮
大蔵
大蔵
大蔵
大蔵
主殿寮
茶園
正親司
采女司
大蔵省
大蔵
大蔵
長殿
率分蔵
大宿直
番所
内教坊
上西門
上東門
右近衛府
図書寮
大歌所
掃部寮
内蔵寮
南院
縫殿寮
梨本
左近衛府
式乾門
朔平門
蘭林坊
桂芳坊
華芳坊
宴の松原
糸所
内膳司
采女町
遊義門
徽安門
玄輝門
安喜門
嘉陽門
内裏
職御曹司
後殿
武徳殿
殷富門
陽明門
宜秋門
陰明門
宣陽門
建春門
外記庁
釜所
酒殿
右兵衛府
真言院
木工内候
中和院
武徳門
永安門
承明門
長楽門
延政門
南所
一本御書所
内豎所
左兵衛府
内匠寮
造酒司
修明門
建礼門
春華門
西雅院
東雅院
不老門
永福門
昭慶門
嘉喜門
小安殿
藻壁門
待賢門
西華堂
清暑堂
東華堂
広義門
大極殿
永陽門
侍従局
内舎人
監物
主鈴
主鎰
西院
醤院
大膳職
左馬寮
典薬寮
豊楽殿
中務省
陰陽寮
主水司
延休堂
昌福堂
承観堂
豊楽院
顕陽堂
朝堂院
含嘉堂
含章堂
御井
勘解由
朝所
神祇官
宮内省
院
供御
大炊寮
中務厨
明義堂
観徳堂
顕章堂
承光堂
太政官
文殿
談天門
郁芳門
儀鸞門
延禄堂
修式堂
暉章堂
会昌門
明礼堂
民部省
右馬寮
治部省
諸陵寮
玄蕃寮
招俊堂
豊楽門
延英堂
永寧堂
康楽堂
主税寮
主計寮
西院
神祇官
東院
西朝集堂
東朝集堂
永嘉門
応天門
長楽門
翔鸞楼
栖鳳楼
判事
刑部省
弾正台
兵部省
雑舎
式部省
雑舎
主税厨
民部厨
主計厨
式部厨
大舎人寮
侍従厨
雅楽寮
皇嘉門
朱雀門
美福門
西大宮大路
西櫛笥小路
皇嘉門大路
西坊城小路
朱雀大路
坊城小路
壬生大路
櫛笥小路
大宮大路

図 1-6　平安京大内裏図

は、まだ大極殿は完成しておらず、内裏前殿で宴が行われている。桓武は、八月に朝堂院の建設現場を視察し、延暦一五年正月には、ようやく完成した大極殿で朝賀の儀を行った。それでも、儀式を行う上で欠かせない豊楽院は、延暦一八年正月時点でも完成しておらず、大極殿の前に仮殿を造って、来日した渤海《ぼっかい》使に饗宴を催した。大同三《だいどう》(八〇八)年一一月の記事には「豊楽院」がみえるから、それまでには完成したのだろう。このように、遷都以後も造営工事は継続しており、儀式は必ずしも固定した場所で行われたわけではなく、利用できる建物を柔軟に使用したと考えられる。これが後に述べる徳政相論《とくせいそうろん》の「造作《ぞうさく》」の実態であった。

平安京の特徴

今度は平安京に目を転じる(図1－7)。大きさからいうと、九条八坊の規模で、中央に朱雀大路が南北に走り、南端には羅城門《らじょうもん》があった。その東西に東寺と西寺、七条には東西市と外国からの使節を迎える鴻臚館《こうろかん》を置いていた。左右京はシンメトリーで、それぞれは東西・南北に走る条坊道路で区切られていた。特殊な施設としては、左京三条一坊に、現在も一部が残っている神泉苑《しんせんえん》があり、湧水を水源とする池があって、天皇の行幸や祈雨などの祭祀の場として提供された。

平安京の特徴として、宅地の面積が等しく造られるようになったことがあげられる。平城京では、最初に条坊の広さを決め、その後に道路を敷設したために(分割地割型条坊)、道路の幅によって宅地の面積がまちまちになってしまったのである。このことを解決するため、長岡京

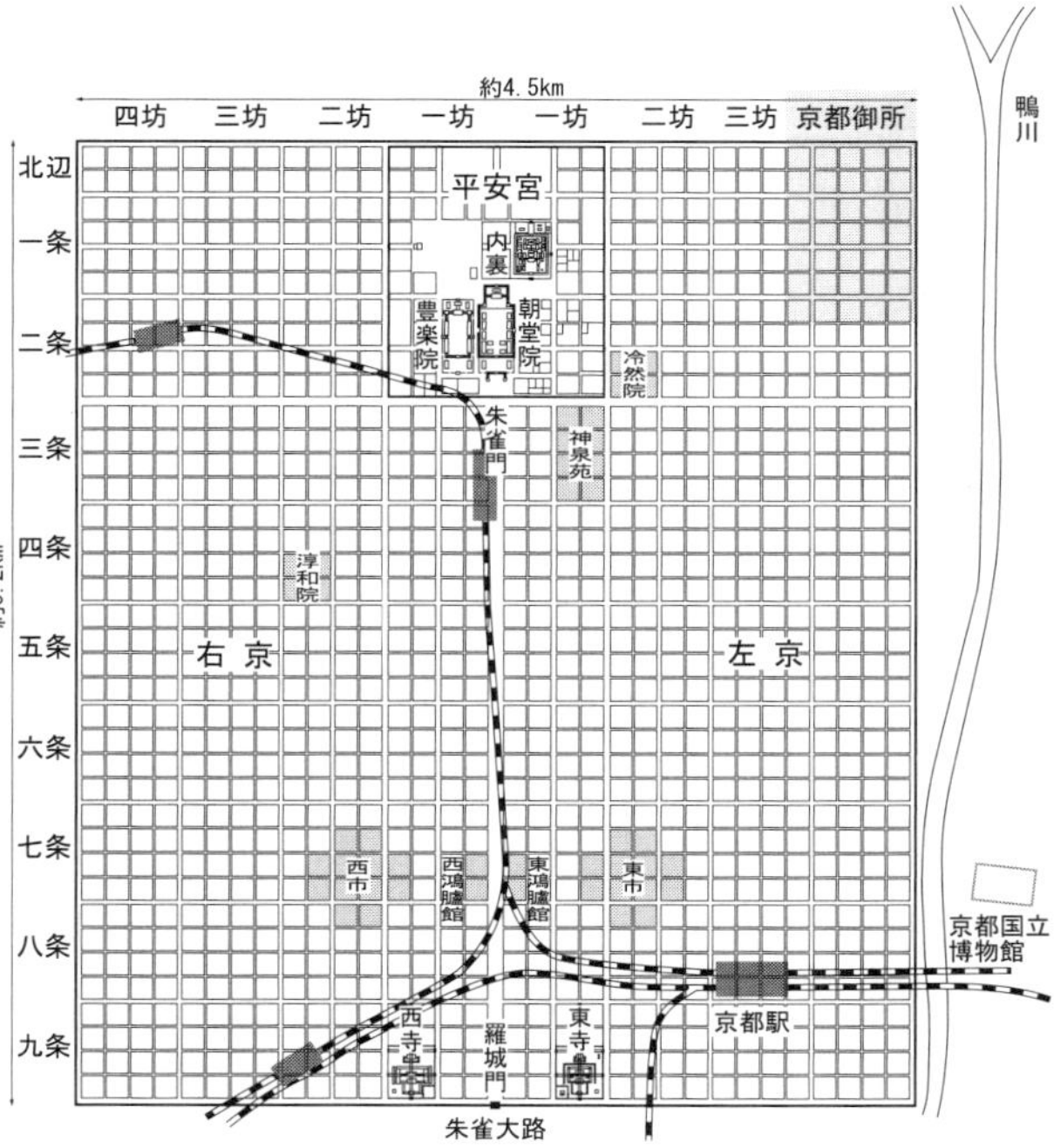

図 1–7　平安京全体図

では、宮の南面など一部では、最初から道幅を考慮して条坊を設定し、宅地の広さを等しくした場所もあったらしい。しかし、測量の誤差も大きく、また京全体には徹底されなかった。

平安京はこの矛盾を解決した(集積地割型条坊)。近年の研究によれば、まず、宮を設計した後、朱雀大路の中心を通る南北の計画線を設定し、そこから東西に道幅も考慮しながら造営計画線を割り振った結果、各宅地の面積を等しくすることが可能となったという。現在の測量技術をもってしても、ほとんど誤差のない正確な計画である。この点は、先に述べたように桓武が造営計画に強い関心を持っていたこととも見事に対応するだろう。

ただし、はじめから京全体で造営が行われたわけではなく、左京南東部や右京西部のように、京の中心からはずれた場所では、条坊街区の成立はかなり遅れていたらしい。また、京を流れていた中小河川の制御にも手間取ったことが発掘調査によって判明してきている。やはり、京でも中心部の造営が急がれ、周辺部は徐々に造られていったというのが実情であろう。

桓武朝の変革

桓武朝と言えば、遷都というイメージが強いが、ほかにも後世に大きな影響を与える政策がいくつも実施された。まず寺院政策である。延暦二(七八三)年には私的に寺院を造ることを禁止した。主として、長岡京に既存以外の寺院を造ることを禁止した法令であるが、全国の他の土地も対象とした。京と寺院の関係はこの後も継続し、当初平安京でも官立寺院である東寺・西寺以外の私的な寺院の建立は禁止された。この傾向は、延暦二四(八〇五)年、坂上田村麻呂《さかのうえのたむらまろ》が清水寺《きよみずでら》を建てて以降、しだいに骨抜きになるが、後々まで京に寺院を建ててはならないという意識は、貴族層に残っていた。

この法令をはじめ桓武は、しばしば仏教統制令を下しているために、仏教に対して冷淡であったとする見解もあるが、あくまで仏教を自己の統率下に置くことが目的であって、仏教を嫌っていた訳ではない。逆に、後半生では怨霊問題もあり、仏教に傾倒していく。

ついで、神社の問題がある。皇太子時代、桓武は伊勢神宮を訪れた経験があったし、延暦一〇(七九一)年には皇太子の安殿親王もみずから伊勢に参拝している。この他、遷都や征夷《せいい》に関して伊勢への奉幣《ほうべい》記事が頻出し、桓武が伊勢を深く信仰していたことは注目される。

それと同時に、他の神社にも気を配る。長岡遷都の際には乙訓社、平安遷都の際には松尾《まつのお》・賀茂社などのいわゆる地主神に奉幣しているし、平安遷都の時には、母の出身氏族(百済王氏)が祀っていた神を平野社として平安京に勧請《かんじょう》(神の分霊を迎え祀ること)するなど、神社を積極的に後押しした。その一方、平安京遷都後、地方の有力な神社に介入しはじめた。延暦一七年には、畿内諸国の神主の任命権を政府が握り、終身制から六年任期に改めた(後には全国を対象)。有力な神社は著名な氏族の氏神の場合が多く、氏族の在地支配は祭祀に支えられていた。そこに楔を打ち込み、神社祭祀を国家の管理下に置こうとしたのである。

具体的には、延暦一七年には出雲《いずも》大社の祭祀をつかさどっていた出雲国造が意宇《おう》郡司を兼ね、神事にかこつけて、地元の女性を「神宮采女《じんぐうのうねめ》」と称して娶ることを禁じた。延暦一九年には筑前国宗像《むなかた》郡の大領《だいりょう》(郡司のうち、最上席者)と宗像社神主の兼帯を止めた。

地方支配の強化

このことと関連して、郡司の採用方法も変化した。もともと郡司は、国造などの末裔が任命される在地の有力者で、任期もなく一般的な官人とはかなり性格が異なっていた。郡司の任用基準は、時代とともに変化するので、一口では言いにくいが、全般的にみれば、血統を優先させつつ(譜代主義)、能力主義(才用主義)が一部取り入れられたといえる。ところが、延暦一七(七九八)年三月一六日の勅では、譜代制を永く廃止して才用制を採用し、具体的な郡司の任用基準を示したのである(弘仁二年に再び譜代主義に戻される)。これは在地の伝統的郡領氏族にとっては大きな打撃であったろう。なぜなら、前記の有名神社への措置と同じく、在地の伝統的有力者層を分解し、国家の支配が直接末端まで及ぶことを企図した施策であったからである。

そして、これと同時に進行したのが国司への統制であった。延暦一六年には、勘解由使《かげゆし》が設置され、前任国司から後任国司への国務の引き渡しを監視し、あわせて国司の不正を摘発することも行われるようになった。この政策は、国司への監察のようにみえるが、それればかりではなく、実は諸国の財政状況の可視化を促し、造都や征夷への財政出動を増やすことを目的としたらしい。延暦二二(八〇三)年には、その集大成として『延暦交替式』が菅野真道等によって編纂され、国司交替制がマニュアル化された。

3　北へ向かう坂上田村麻呂

もう一つの桓武朝の特徴的施策として征夷がある。その点を少し時間を遡って述べてみよう。

三十八年戦争

エミシ（蝦夷）とは律令国家が設定した異民族を意味し、太平洋側のエミシを「夷《い》」、日本海側のエミシを「狄《てき》」と呼んだ。これらは、中国から伝わった中華（華夷）思想による差別観に基づいている。

八世紀のはじめ、律令国家は東北地方へ兵を進めた。その拠点が国府でもある多賀城《たがじょう》で、多賀城碑（宮城県多賀城市）によれば、神亀《じんき》元（七二四）年に置かれたという。この時期には大規模な征夷が行われている。

その後の天平年間には、それほど大規模な征夷は行われなかった。しかし、藤原仲麻呂《なかまろ》の時代に状況は一変した。天平宝字《てんぴょうほうじ》二（七五八）年には北上川の下流に桃生《ものう》城（現宮城県石巻市）、同時に日本海側にも雄勝《おがち》城（現秋田県大仙市・仙北郡雄物《おもの》川中流にある払田柵《ほったのさく》に比定する説が有力）が築かれた。また、多賀城碑によれば天平宝字六年に仲麻呂の子朝獦《あさかり》により多賀城が修造され、神護《じんご》景雲《けいうん》元（七六七）年には伊治《これはり》城（現宮城県栗原市）も築かれたという（図1－8）。

だが、エミシへの圧力は、彼らの大きな反発を買うことになった。宝亀五（七七四）年には、海道のエミシが桃生城を攻撃し、その西郭を撃破した。以降弘仁二（八一一）年まで続くエミシとの格闘を三十八年戦争と呼ぶ場合がある。桃生城攻撃は、三十八年戦争の幕開けとなったの

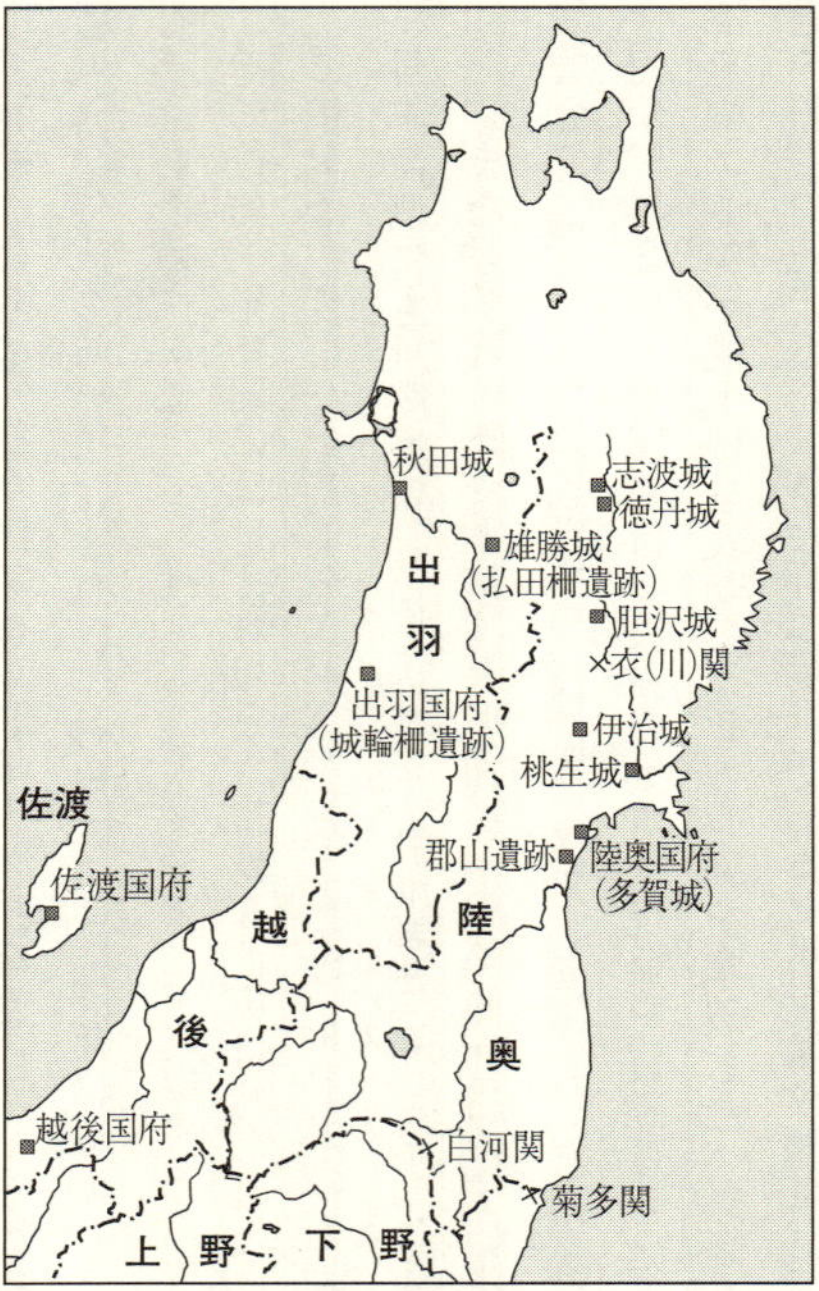

図 1–8　古代東北地方地図

である。

　エミシの反撃のうち、最大のものが宝亀一一（七八〇）年三月に起きた。陸奥守《むつのかみ》で多賀城の責任者であった紀広純《ひろずみ》が「上治郡」（「此治郡《これはり》」の誤りか）の郡司伊治呰麻呂《これはりのあざまろ》によって殺害され、多賀城が炎上したのである。呰麻呂はエミシの出身であったが、国家に帰順し郡司に任命されていた。ところが、日頃陸奥国牡鹿《おしか》郡の郡司道嶋大楯《みちしまのおおだて》から侮辱されていたことに怒り、大規模な反乱に踏み切ったという。おそらく、常日頃からの鬱積が爆発したのであろう。近年、多賀城跡の発掘が進展しているが、焼土が広い範囲から検出されており、この記事が史実であったことが判明した。

　これに対し政府も直ちに反撃した。三月二八日には、中納言藤原継縄《つぐただ》を征東大使に任命し、五月には坂東《ばんどう》諸国に三万石の糒《ほしいい》(一度蒸した米を乾燥させた軍粮《ぐんろう》)を準備させた。七月二二日には、坂東諸国の兵士を九月五日までに多賀城に結集させること、常陸《ひたち》国と下総《しもうさ》国に対しては糒を八月二〇日までに多賀城へ運ぶことを命じ、九月には藤原小黒麻呂を持節《じせつ》征東大使に任命した。しかし、なかなか征夷軍は軍事行動を起こさない。翌天応元(七八一)年二月には、相模《さがみ》・武蔵《むさし》・安房《あわ》・上総《かずさ》・下総・常陸国に穀《こく》十万石を多賀城まで海上輸送させることを命じている。

こうした状況のなかで、桓武天皇の時代を迎えた。しかし、この度の行軍では、結局小黒麻呂は戦果をあげないまま軍を解散したため、桓武に叱責され、そのままこの時の征夷活動は収束した。桓武が征夷を積極的に行った理由は、父の対エミシ政策の継承という面も持つが、自身を中国皇帝に準《なぞら》え、中華が夷狄を支配するとの理念上の思いが強かったからと推測される。

桓武天皇の征夷

桓武朝には、大規模な征夷が三回行われたが、その征夷は延暦八(七八九)年からはじめられた。準備は延暦七年から行われ、二月には陸奥按察《あぜち》使陸奥守多治比宇美《たじひのうみ》に鎮守将軍を兼任させ、三月には、陸奥国、坂東諸国、北陸道諸国から軍粮を、また坂東諸国から五万の兵士を多賀城に集めた。桓武は七月、征東大将軍に紀古佐美を任じ、一二月、関係者を集めて「坂東の安危《あんき》、この一挙にあり」との勅書を下した。

延暦八年三月、兵士は多賀城を後にした。今回の特徴は、征東副将軍に下総国猨島《さしま》郡の豪族阿倍猨島臣、武蔵国入間《いるま》郡の豪族入間宿禰《すくね》など坂東の豪族を抜擢し、中央派遣の副将軍にも坂東諸国の「守《かみ》」を兼任させたことであろう。兵士や兵粮米の確保など、坂東との連携を円滑にし、エミシとの戦闘を有利に行おうとの作戦である。

ちなみに坂東とは、碓氷《うすい》坂（信濃国と上野《かみつけ》国の間にある坂）と足柄《あしがら》坂（駿河《するが》国と相模国の間にある坂）より東を意味し、相模・武蔵・安房・上総・下総・常陸・上野・下野《しもつけ》国の八カ国、ほぼ現在の関東地方に当たる。この地域区分が成立したのは、神亀元（七二四）年頃、つまり多賀城の成立とほぼ同時期で、征夷に際して兵士と兵粮を供給するためにつくられたのである。坂東とは征夷のための兵站基地であった。

さて、三月の終わりには、政府軍は衣川（岩手県奥州市付近）を渡り駐屯した。しかし、一カ月以上も動かないため、政府から叱責を受け、五月になりようやく三軍に分かれて進軍する。エミシの頭目はアテルイ。当初、征夷軍は三〇〇〇人程のエミシと戦うが優勢で、村々に火を放ちながら前進した。ところが、新手のエミシ八〇〇人が挑みかかり、政府軍がひるんだ隙に四〇〇人のエミシが背後から攻撃した。その結果大混乱となり、政府軍は村一四カ所、八〇〇軒を焼いたものの、その損害は死者二五人、溺死者一〇〇〇人余、矢傷を負った者二四〇人余、裸で泳ぎ帰った者一二〇〇人余という大敗であった。アテルイがいくつもの部族のエミシを統合し、統率のとれた集団として行動させたことがエミシ側の勝因であろう。

これ以降、政府軍は戦意を喪失し、言を左右にして積極的に戦いに臨まなくなった。政府もしばしば叱責し、戦闘を再開させようとするものの秋を迎え、九月になると古佐美たちは帰京した。彼らには公卿による厳しい詰問と、桓武による口を極めた叱責が待っていた。

坂上田村麻呂の登場

二回目の征夷は、征夷軍一〇万という最大規模となった(『日本後紀』弘仁二年五月条)。延暦九(七九〇)年閏三月には、諸国に革製の甲《よろい》二〇〇〇領を造らせ、坂東諸国に糒一四万石を準備させた。延暦一〇年正月には、坂上田村麻呂らを派遣して武器を検査させ、七月には征夷(東)大使に大伴弟麻呂《おとまろ》、副使に田村麻呂ら四人を任じ、一一月には坂東に更に糒一二万石を用意させた。いよいよ田村麻呂の登場である。延暦一二年二月には、征東使を征夷使と改称し、田村麻呂が天皇に赴任の挨拶をしているところからすれば、戦闘に先んじて彼に現地で征夷の準備に当たらせることにしたのだろう。

準備が着々と進行する中、いよいよ延暦一三(七九四)年を迎えた。この度の征夷はまさに桓武朝の威信をかけて行われたと言ってよく、もう一つの大事業、平安京への遷都と同時に進行していたことからもそれがうかがえる。まず、正月一日に、征夷大将軍大伴弟麻呂に節刀《せっとう》(天皇の軍事大権を示すシンボルの刀剣)が下賜された。これにより、弟麻呂に軍隊の指揮権など天皇の軍事大権が委譲されたことになる。また、天智陵や光仁陵、伊勢神宮にも征夷が告げられた。そもそも正月一日に節刀を下賜したことは前後に例がなく、桓武の意気込みをよく知ることができる。

こうして六月に戦闘がはじまるのだが、『日本後紀』が欠失しているためその詳細を知ることはできない。九月には遷都と征夷の成功を祈って諸国の著名な神社に奉幣され、遷都の詔が下されたまさにその日(一〇月二八日)、詔に先だって征夷の報告が征夷大将軍大伴弟麻呂によって奏上された(『日本紀略』)。


斬首《ざんしゅ》を四百五十七級《きゅう》、捕虜を百五十人、獲馬《かくば》八十五疋《ひき》、焼落七十五処なり。


征夷の報告と遷都の詔の下賜を同日に行うことは、桓武天皇によって周到に計画された演出であろう。征夷と造都をワンセットと考えていた桓武の思想をよくあらわしている。

とはいえ、この度の造都と征夷は、民衆にとってあまりに苛酷だったのだろう。延暦一四年閏七月には雑徭《ぞうよう》(国司の権限で年間六〇日間までの労働に従事させる力役《りきえき》)を半減して三〇日間とし、一一月には従来東国から派遣していた防人《さきもり》を止め、西海道《さいかいどう》(九州諸国)の人々に肩代わりさせている。

しかしその後も征夷は続く。三度目の征夷は、延暦一九(八〇〇)年から準備された。征夷軍四万人。一六年に征夷大将軍に任じられていた田村麻呂を中心に、一〇月には副将軍を任命し、翌延暦二〇年二月には彼に節刀を下賜、九月にエミシを征討したことが報告され、一〇月には節刀が返上された。

延暦二一年正月には田村麻呂に胆沢城《いさわ》(現岩手県奥州市)を造営させ、鎮守府を多賀城から移した。七月、彼は降伏してきたエミシの族長アテルイとモレ等を連れて上京する。アテルイにより征夷軍が手痛い敗北を喫したことは先に記した。田村麻呂は「此の度は願いに任《まか》せて返し入れ、其の賊類を招かん」と自首であることを強調し、二人の命乞いをしたが、公卿たちの反対にあい、やむなく処刑したという。

田村麻呂は、渡来系氏族の出身で、父の苅田麻呂《かりたまろ》は、藤原仲麻呂の乱の際に功績があり、従四位下に抜擢された。田村麻呂は赤ら顔で、黄色いあごひげを生やし武人らしく壮観ないでたちであったという。弘仁二(八一一)年五月に大納言正三位兼右近衛大将《うこんえのだいしょう》で亡くなったが、『田《た》邑伝記《むらでんき》』によれば、清水寺(京都市東山区)は彼の開創にかかり、嵯峨《さが》天皇は、彼の死に臨んで、清水寺近くに甲冑《かっちゅう》・剣などの武器とともに丁重に葬ったという。

大正八(一九一九)年、清水寺の近くで、偶然古墓《こぼ》が発見された(京都市山科区)。西野山《にしのやま》古墓と名付けられた墓からは、正倉院宝物に匹敵する鏡や大刀が出土し、後に国宝に指定された(図1-9)。この被葬者が田村麻呂ではないかと推測されている。

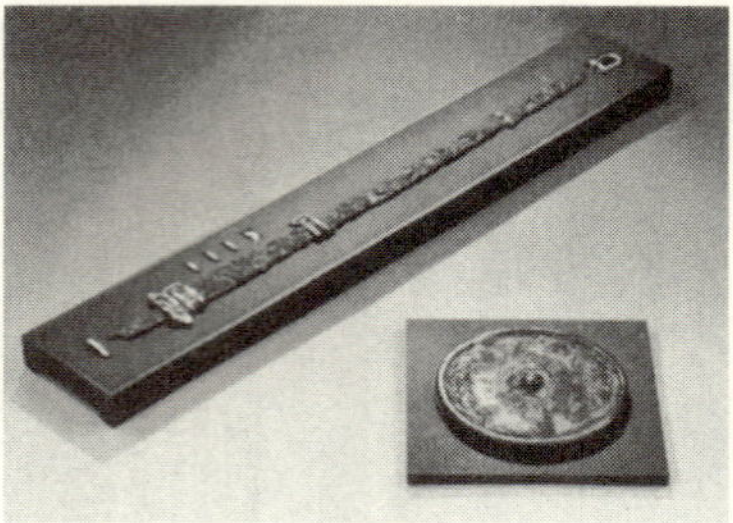

図1-9　西野山古墓出土の金装大刀と金銀平脱双鳳文鏡

徳政相論

これまで述べてきたように、桓武の政策基調は、造都と征夷であった。しかし、そのあり方にも次第に変化が現れてくる。その大きな原因は、桓武の高齢化と病であった。延暦二三(八〇四)年一二月、桓武が発病した。一〇月に難波、前月にも京内に行幸しているから、あるいは急速に悪化したのかも知れない。以後、仏教・神祇による快復祈願と恩赦記事が続く。とくに早良親王(延暦一九年に崇道《すどう》天皇を追贈)の怨霊への謝罪が多い。親王を葬った淡路に寺院を建立し(延暦二四年正月)、親王を国忌《こき》(天皇・皇后の忌日で政務を行わない日)の例に入れ(同年四月)、改葬する手だてをとっている(同年四月)。また、この年の八月には六月に中国から帰国したばかりの最澄《さいちょう》を殿上《てんじょう》に呼び、悔過《けか》(自分の犯した罪を償う仏教行事)を行わせた。

こうしたなか、延暦二四(八〇五)年一二月に行われたのが徳政相論である。桓武は、殿上に参議藤原緒嗣《おつぐ》と参議菅野真道を呼び、天下の「徳政」を論じさせたのである。「徳政」とは徳のある政治方針のことである。これに対して、緒嗣は、天下の苦しみは、「軍事」(征夷)と「造作」(造都)にあるから、この二つを止めるべきだと言い、真道は異議(事業の継続)を唱えた。これを聞いた桓武は、緒嗣の意見に従ったという。そして、この三日後、桓武の言のとおり、造宮職は廃止された（大同元（八〇六）年二月に木工寮に併合）。

緒嗣は、桓武が光仁即位に功績のあった百川（式家）の恩に報いるため、延暦二一年に二九歳の若さで参議とした人物で、真道は、百済系渡来人の後裔ではあったが、造宮亮の経験もある実務派の官人であった。

問題は、この相論が実質的な意味を持っていたのか、それともすでに結論は決まっていたものの、それを天下に示すデモンストレーションであったのかという点である。両説あるが、筆者は後説をとる。同年一一月には、この頃「営造」が止まずにいたため民が苦しみ、しかも「災疫」により農業も被害を受けているので、救いの手を差し伸べるにはどうしたらよいかとの勅が公卿に投げかけられており（『類聚三代格』）、すでにその片鱗がみえること、征夷については、同年一〇月に、坂東から東北への補給路として重要な、下総国千葉郡から香取《かとり》郡にかけての官道を廃止したことが注目される。これは、房総から常陸国への連絡路の廃止を意味し、征夷の縮小化がすでに準備されていたことを示唆するからである。

東アジアの情勢

さて、桓武の二度の遷都、三度にわたる征夷を可能にした背景には、いくつかの理由がある。

まず、第一に、桓武の長命と在位年数の長さ、それに官人経験を持っていたことは大きい。第二に、国力の充実があるだろう。桓武朝は比較的気候が安定していたこともあって、経済的基盤も安定していた。また、先に述べた寺院・神社政策や地方支配の方法などについての政治改革も成功したといえよう。第三に、東アジア世界の混乱がある。唐の玄宗《げんそう》皇帝の治世後半に安禄山《あんろくざん》や史思明《ししめい》による反乱（安史《あんし》の乱）が起こり（七五五〜七六三年）、さしもの唐の力も衰えをみせた。一方、新羅でも、七八〇年四月に金良相《きんりょうそう》（後の宣徳《せんとく》王）が金敬信《けいしん》（後の元聖《げんせい》王）とともに兵をあげ、この戦乱のなかで恵恭《けいきょう》王が殺害されるという内乱が起きた。このような情勢を背景として、日本では対外的な軍備が従来ほど必要なくなり、軍団や防人を廃止・縮小することができた。こうして生じた余剰の労働力を、坂東分は征夷に、中部以西分は造都に投入することが可能となったのである。桓武の政策は、広い意味で東アジアの動乱によって中国や朝鮮半島が混乱し、日本に軍事的な影響を及ぼさなくなってきたことと密接な関係を持っていた。

桓武の最期

徳政相論のほぼ三カ月後、大同元（八〇六）年三月、桓武は七〇歳の波乱に満ちた生涯を閉じた。在位期間二五年は、古代にあっては飛び抜けて長い。彼について、『日本後紀』は次のように語っている（大同元年四月条）。

宸極《しんきょく》に登りてより、心を政治に励まし、内は興作《こうさく》を事とし、外は夷狄《いてき》を攘《はら》う。当年の費えと雖も、後世の頼《たのみ》なり、……

即位後、政治に心し、造都と征夷を行った。多くの支出をともなったが、後の世の基礎を築いたというのである。一〇世紀のはじめ、三善清行《みよしきよゆき》が著した『意見封事十二箇条《いけんふうじじゅうにかじょう》』では、二つの造都にかかった費用は、天下の支出の五分の三に達したと指摘している。とはいえ桓武は、以後の歴史に大きな足跡を残したと言える。何より平安京は以後一一〇〇年間にわたる日本の都となった。

ここに桓武天皇の死の当日の言葉（遺言と言ってもよいかもしれない）が残されている（『類聚三代格』延暦二五年三月一七日官符）。

崇道天皇の奉為《おんため》に、永く件《くだん》の経を読ましむ。

「件の経」とは『金剛般若経《こんごうはんにゃ》』のことである。この言葉に基づいて、永く諸国の国分寺で春・秋の七日間、『金剛般若経』を転読することにし、実際、この法会は後に年中行事となった。平安時代の幕を開け、以後の歴史を大きく変えた天皇ではあったが、彼の心に最後に去来したものは、皮肉にも実弟の怨霊に対する謝罪と畏れであった。

第二章　唐風化への道

1　皇位継承をめぐる確執

大同元(八〇六)年三月、桓武天皇は七〇歳の波乱に富んだ生涯を閉じた。桓武の死後、即位したのが安殿《あて》親王(平城《へいぜい》天皇)である(図2-1)。彼は桓武の子で、神野《かみの》親王(後の嵯峨天皇)・大伴親王(後の淳和《じゅんな》天皇)と兄弟である。後にこの兄弟関係が悲劇を呼ぶことになるが、それはまだ先の話である。

伊予親王の謀反

平城の母は藤原乙牟漏《おとむろ》(良継の娘)で、彼は即位と同時に同母弟の神野親王を皇太子に立てた。平城には阿保《あぼ》親王(母は葛井藤子《ふじいのふじこ》、彼の子が在原業平《ありわらのなりひら》)や高岳《たかおか》親王(母は伊勢継子)といった男子がいたが、皇太子にはしなかった。当時、皇太子になることができたのは、父が天皇であるばかりでなく、母も皇族もしくは藤原氏の出身であることが必要条件であったためである。

こうしたなか、起こったのが伊予《いよ》親王事件である。伊予親王は、桓武天皇と藤原吉子(藤原南家是公《これきみ》の娘)の間に生まれた(三頁、図1-1)。桓武は、藤原氏のなかではとくに南家(藤原武智《むち》麻呂《まろ》を始祖とする)を優遇したこともあり、豪放な性格であった伊予親王をかわいがったが、この前歴があだとなった。大同二(八〇七)年、伊予は謀反の罪で捕らえられ、母とともに川原寺《かわはらでら》

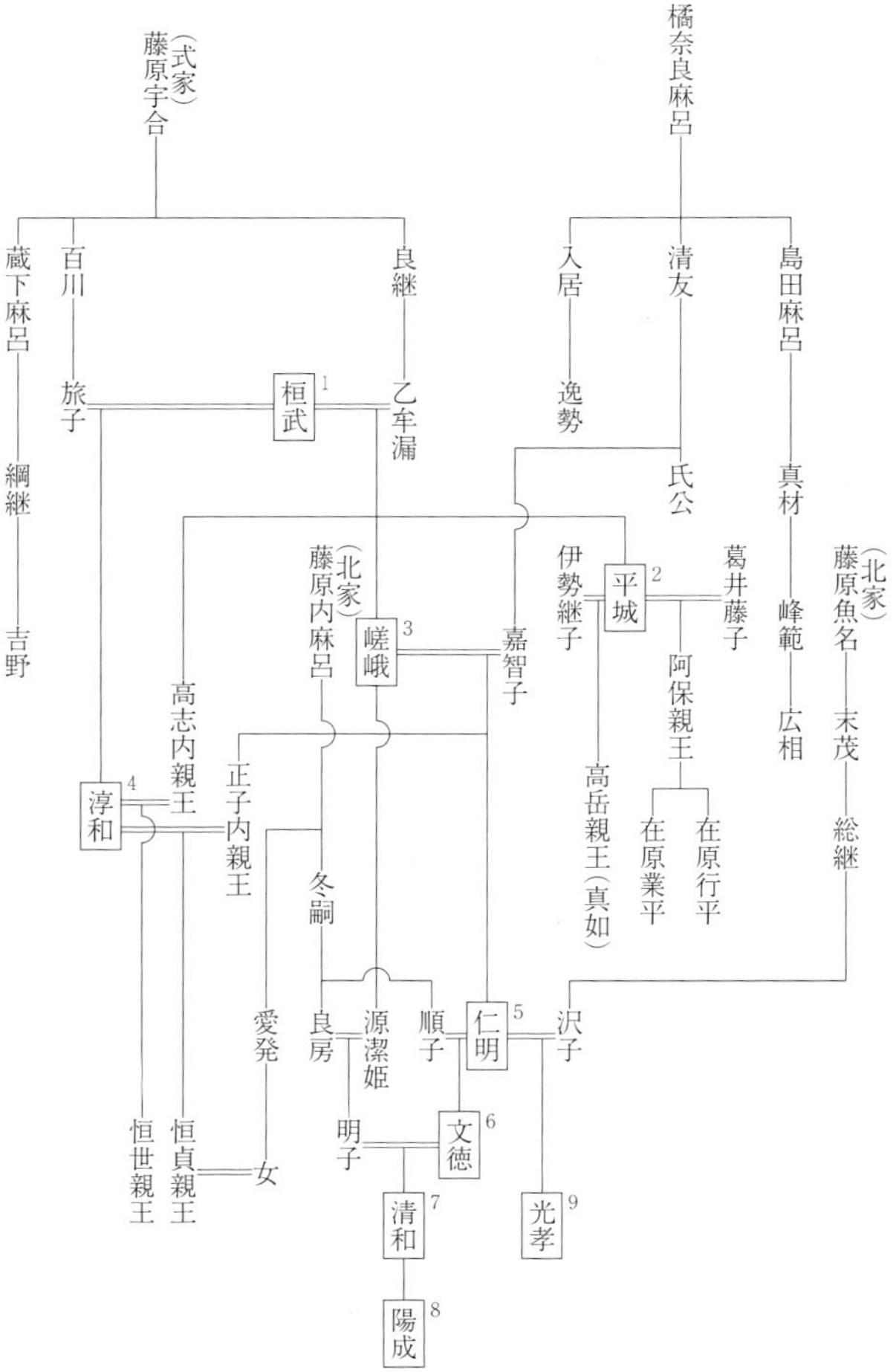

図 2-1　天皇家・藤原氏系図

（長岡京の川原寺か）に幽閉された。飲食を断たれた母子は、毒を仰いで亡くなった。

この事件では、吉子の兄雄友《おとも》など外戚や、原因は不明だが、藤原継縄の子乙叡も連座した。桓武朝では隆盛を誇った藤原南家であったが、この事件をきっかけとして没落し、代わって北家（藤原房前《ふささき》を始祖とする）の台頭を許すことになることも注意しておきたい。

平城天皇は、かなり神経質な体質であったらしく、桓武が亡くなった際には、悲しみのあまり一人で立つこともできず、臣下に抱きかかえられてようやく移動できたほどであった。かつて幼少のころ早良親王の霊に悩まされたように、今度は吉子・伊予親王母子の霊にも、過敏に反応するようになる。こうして平城天皇は、大同四（八〇九）年に譲位の意思を表して上皇《じょうこう》（太上《だじょう》天皇《てんのう》ともいう）となり、神野親王が嵯峨天皇として即位した。平城天皇は、文官・武官ともに不要の官司を統廃合するなど、桓武が肥大させた政務の簡素化を目指して次々と新たな政策を打ち出し、ようやく官制改革が軌道に乗ろうとしていた矢先のことであった。譲位の決断は、かなり突然であったらしい。

ところが、平城上皇は、大同四年一二月、当時寵愛していた藤原薬子《くすこ》らを連れて、平城宮に行幸した。すでに、薬子の兄である仲成《なかなり》は平城宮の修理に励んでおり、準備は整いつつあった。薬子・仲成は、長岡京で暗殺された式家の藤原種継の遺児である。薬子は、もともと平城妃の母であったが、平城と関係を持ち、一度は桓武に排除された過去を持つ女性であった。

薬子の変

こうした動きは嵯峨天皇を刺激した。嵯峨は、翌弘仁元(八一〇)年三月には、巨勢野足《こせのたり》と藤原冬嗣《ふゆつぐ》を蔵人頭《くろうどのとう》に任命した。その目的は命令伝達経路の確保にあった。薬子は、当時詔勅の発布に関わる尚侍《ないしのかみ》(女官の長)の職にあり、天皇側の秘密が事前に上皇側に漏れることを防ぐため、天皇の秘密を守り詔勅の発布に関与できる蔵人所を設置したのであった。

一方、上皇は九月六日に平城京への遷都を命じた。これは上皇自身が国政を動かせる権利を持つと宣言したようなもので、当時の正史『日本後紀』は、当時の状況を「二所朝廷《にしょちょうてい》」(二カ所の朝廷)と表現している。ここにおいていよいよ両者の関係は抜き差しならなくなったのである。これに対して、一〇日、天皇は薬子を解任し、平安京に来ていた仲成を捕縛すると、翌日射殺した。上皇は再起を期して東国を目指したが、坂上田村麻呂をはじめとする天皇側の軍隊に行く手を阻まれ、一二日には薬子も服毒自殺した。こうして薬子の変(平城太上天皇の変ともいう)は鎮圧されたのである。ただし、上皇自身はとくに罰せられることもなく、天寿を全うした。

この政変が起きた原因は、健康を取り戻した上皇が再度重祚《ちょうそ》(復位)をはかろうとした点にあった。しかし、この事件で見逃すことのできないのは、なぜ、上皇が平城遷都を計画できたのかという点である。上皇が権力を持った時期といえば、一般的には一一世紀末以降、白河上皇にはじまる院政期を思い起こすかもしれないが、院政期でも、国政上の重要な決定は天皇に委ねられており、上皇は口出しできなかったのである。しかし、当時の上皇は、独自に詔勅を発布できるなど、天皇とほとんど同じ権利を律令法上有していた。

またこの時代、重祚についても近い時期に前例があった。早く七世紀中頃の斉明《さいめい》天皇（皇極《こうぎょく》天皇）、薬子の変の五〇年程前にも、称徳《しょうとく》天皇（孝謙《こうけん》天皇）が重祚を行っている。この二つこそが、薬子の変が起き得た根本的な原因であったと言えるだろう。「二所朝廷」とは、天皇と上皇が同等の権力を持てるという、当時の政治システムの構造的な欠点を言い表した至言であった。

ただし、この平城京遷都計画については過大に評価すべきではない。確かに、「歴史の結果」としては、平安京遷都以降、明治まで都は動かなかった。しかし、この時点では平安京遷都から一五年しか経っておらず、都が平安京に固定されたという意識はまだ少なかった。したがって、遷都の可能性は残されており、平城の行動はそれほど特異なものではなかったといえよう。

嵯峨と淳和の確執

こうしてはじまった嵯峨天皇の時代は、自然災害などの問題はあったものの、次節で述べるように唐風化を推進し、政治的には比較的安定していた。しかし、彼の後継者については問題を残した時代であった。嵯峨は、即位当初、平城の皇子であった高岳親王を皇太子とした。しかし、薬子の変により廃太子となると、自身の弟である大伴親王（後の淳和天皇）を皇太子とした。高岳親王は、後に仏道に帰依して入唐《にっとう》し、さらに天竺《てんじく》国（インド）への求法を志したが、その途中、羅越《らえつ》国（シンガポール付近）において亡くなったという。

問題は大伴親王であった。彼が皇太子となった時には、まだ嵯峨天皇に子供はいなかった。ところが、弘仁元(八一〇)年に、橘嘉智子《たちばなのかちこ》との間に正良《まさら》親王(後の仁明《にんみょう》天皇)が生まれ、さらに弘仁六年には、嘉智子が立后した。こうなると、嵯峨と大伴の関係は微妙になる。大伴親王は藤原旅子(百川の娘、緒嗣の姉妹)の子で、嵯峨とは異母兄弟でもあった。もっとも、嵯峨と大伴の関係は、表面上は穏やかであった。実の兄との争いをすでに経験した嵯峨にとって、ことを荒立てたくないとの思いもあったのかも知れない。

こうして弘仁一四(八二三)年、嵯峨天皇は譲位し、大伴親王が即位した。淳和天皇の誕生である。嵯峨は上皇となり、宮中を出て嵯峨院(現京都市右京区大覚寺付近)に住まうことになった。ここに平城上皇とは大きな違いがある。嵯峨は淳和天皇に政治的なアドバイスを行うことはあっても、宮中から居所を離し、王権との直接的な接触を避けた節がある。嵯峨院への退居は、薬子の変の二の舞(天皇と上皇の権力争い)を避けると同時に、天皇と上皇の権力の格差を可視化することを目指すためであったらしい。上皇制は中国にはなく、日本独自の制度であるが、ここにおいて天皇の権力が上皇のそれを克服したのであった。

淳和天皇は、即位するとすぐ正良親王を皇太子とした。嵯峨の意向が認められたのである。異母兄弟間の相続に続き甥を皇太子につけるという変則的な関係が、ここでも生まれたことになる。一方、淳和は、すでに亡くなっていた妻の高志《こし》内親王に皇后の位を贈った。この理由は、内親王との間に生まれた恒世《つねよ》親王を自分の正嫡に据えるためであったろう。しかし、天長《てんちょう》三(八二六)年、恒世は、二二歳で亡くなってしまった。

淳和が次に期待をかけたのは、恒貞《つねさだ》親王であった。彼の母は、嵯峨の娘正子内親王で、天皇の娘を母に持つという点では申し分なかった。しかし、生まれたのが天長二年で年齢の点では問題があった。当時は、まだ、天皇自身に政務能力が必要とされたため、成人しなければ即位することが難しかったからである。この点は、後々、恒貞の人生に暗い影を落とすことになる。しかし、それでも淳和は、正子を皇后につけ、恒貞の地位を確立しようとした。

薬子の変の反省があったのであろうか。淳和天皇と嵯峨上皇、そして淳和と皇太子正良親王の間には、表面上は、平穏な日々が続いていた。嵯峨の子と淳和の子が交替で皇太子となる状況は、両朝迭立《てつりつ》とみることもできる。しかし皇位が父子相続になっていないことは、後に混乱を招くことになる。

恒貞親王の悲劇

淳和天皇は天長一〇(八三三)年に譲位した。代わって即位したのが正良親王(仁明天皇)であった。仁明は即位するとすぐに、恒貞親王を皇太子とした。淳和の希望どおり、仁明にとって従弟に当たる恒貞が将来の天皇の位を保証されたのである。しかし、彼が即位することはなかった。なぜなのだろうか。

仁明は藤原冬嗣の娘順子と結婚し、道康《みちやす》親王(後の文徳《もんとく》天皇)が生まれた。そして、順子の兄が藤原良房《よしふさ》である。道康親王は、天長四(八二七)年の生まれ。恒貞とわずか二歳しか違わなかった。しかも、藤原南家に代わって主導権を握った藤原北家のプリンス良房は、順調に出世していった。その結果、今度は恒貞と道康の関係が微妙になってきた。それでも、嵯峨・淳和上皇が健在のうちは何事もなかった。しかし、承和《じょうわ》七(八四〇)年に恒貞の父淳和が、承和九年に恒貞の母方の祖父嵯峨が相次いで亡くなると、ついに事件が起こった。

それは、阿保親王(平城天皇の子で在原業平の父)から嵯峨の妻(皇太后)橘嘉智子に書状が届けられたことが発端であった。その書状には、「上皇が亡くなる少し前(七月一〇日)、春宮坊《とうぐうぼう》(皇太子を養育する役所)の下級官人伴健岑《とものこわみね》がやって来て、「今まさに嵯峨太上天皇が亡くなろうとしています。反乱を起こすのは今です。春宮の恒貞親王を擁立して東国に入ろうではありませんか」などと語っておりました」と記されていた。つまり、共謀を持ちかけられたのである。彼女は驚いて、良房に密書を届け、事件は露見したのであった。当時、健岑は春宮坊の舎人《とねり》であった。

ただちに兵士が派遣されて内裏を警護すると同時に、健岑・橘逸勢《はやなり》らの私宅を囲み、彼らを捕らえた。尋問の結果、恒貞親王も拘束されて皇太子の地位を追われ、六〇人あまりの春宮坊の官人も処罰された。また、議政官《ぎせいかん》(後述)では、大納言藤原愛発《ちかなり》、中納言藤原吉野《よしの》、参議文室《ふんやの》秋津《あきつ》も流罪に処せられた。代わって、皇太子には道康親王がつき、大納言には藤原良房、中納言には源信《みなもとのまこと》が任じられた。これが承和の変のあらましである。

この事件の背景には、「淳和―恒貞」対「仁明―道康」という父子どうしの対立があった。本人たちはともかく、恒貞親王の周りには、春宮坊の官人、そして淳和天皇の近臣であった愛発(淳和朝の蔵人頭、娘が恒貞の妃)・吉野(淳和朝の蔵人頭、正子の皇后宮大夫)・秋津(恒貞の春宮大夫)などが集まって派閥を形成する一方、道康の周辺には、良房をはじめとする藤原北家とその縁故者が集まっていた。こうした人々は「藩邸の旧臣」と呼ばれ、もし、親王が即位すれば、その縁故で高位・高官に抜擢されることが期待された。いわば、自分の将来をかけて派閥を形成していたのである。

事件の真相は不明な点が多いが、この事件でもっとも利益を得たのは藤原良房であり、彼の策謀であった可能性は拭いきれない。史料が掲載されている『続日本後紀』は、良房らの手によって編纂されたため、自身の立場を悪く書くはずもなく、真相は不明だと言うこともできる。少なくとも承和の変の結果として、以後、皇位は父子相続へと変化することになった。これにより、しばらく皇位継承は比較的安定することになる。

嘉祥《かしょう》三(八五〇)年三月、仁明天皇は亡くなり、皇太子であった道康親王が即位した。文徳天皇である。彼には即位の直後、藤原良房の娘明子《あきらけいこ》を母とする惟仁《これひと》親王(後の清和《せいわ》天皇)が生まれた。惟仁親王についても皇位継承をめぐって一波乱あるが、それは次章で述べることになる。

2 「唐風」の礼式へ

「唐風文化」というと、一般的には嵯峨朝から仁明朝にかけてと考えることが多いが、延暦期も見逃すことはできない。著名なところでは前章で指摘した、昊天祭祀や避諱制度の導入があげられる。しかし、文化も含めて、本格的に導入されるようになったのは、やはり嵯峨天皇の時代からであった。ここでは、まず、弘仁九(八一八)年の儀礼制度の改革を取り上げよう。この年には、数多くの儀礼や施設の名称が中国的に変更されたからである。

跪伏礼から立礼へ

わが国では、『隋書』倭国伝(中国隋代の史書)にも記されているように、長らく「匍匐礼《ほふく》」が用いられた。匍匐礼とは、両手を地に着け、四つん這いで進む礼のことである。また、「跪伏《きふく》礼」といって、両手を地に突いて跪き貴人を拝する礼もあった。古墳時代以来の倭国固有の拝礼の仕方であったといえよう。

しかし、倭国、そして日本が中国と通交するようになると、固有の礼法はふさわしくないと考えられるようになった。中国的に文明化しなければならないと考えられたためである。そこで、推古一二(六〇四)年には、宮門を出入りする時は匍匐礼をとるが、朝廷内では立礼をすることとし、大化改新後の前期難波宮では、匍匐礼・跪伏礼を廃し、立礼が採用された。しかし、立礼はなかなか根付かなかったらしく、天武一一(六八二)年をはじめとして、何度も匍匐礼や跪伏礼の禁止令が出された。そして、最終的には、弘仁九年三月に「卑、貴と逢いて跪く等、男女を論ぜず、改めて唐法によれ」との法令が出され、身分の低い者が上の者に対して、跪伏礼をとることを禁止し、唐の方法、すなわち立礼を用いることを命じた(ただしはるか後世までその影響は残る)。この他、官人の服色や、位記《いき》(任じられた位階を書いた証明書)なども中国風に変更された。

あわせて内裏の建物や門の名称が変更された。それまで寝殿・南殿と呼ばれていた建物が、それぞれ仁寿殿・紫宸殿などと中国長安城にある建物の名称に代えられた(図2-2)。これらの呼び方は、現在の京都御所でも用いられている。ちなみに、紫宸殿とは、内裏の正殿、仁寿殿とはその後にある建物で、本来は天皇のプライベート空間であった(第三章)。

また、大内裏(宮城全体のこと)を囲む築地に取り付けられた一二の門(宮城門)には、それまで古くヤマト王権の軍事部門を担当した氏族のウジ名が用いられてきた。例えば、西面には玉手《たまて》門・佐伯《さえき》門・伊福部《いふくべ》門があったが、それらもそれぞれ談天《だんてん》門・藻壁《そうへき》門・殷富《いんぷ》門に変えられている(図1-6)。嘉字(めでたい文字)を用い、それぞれのもとの読み方に近い名称を選んだことが

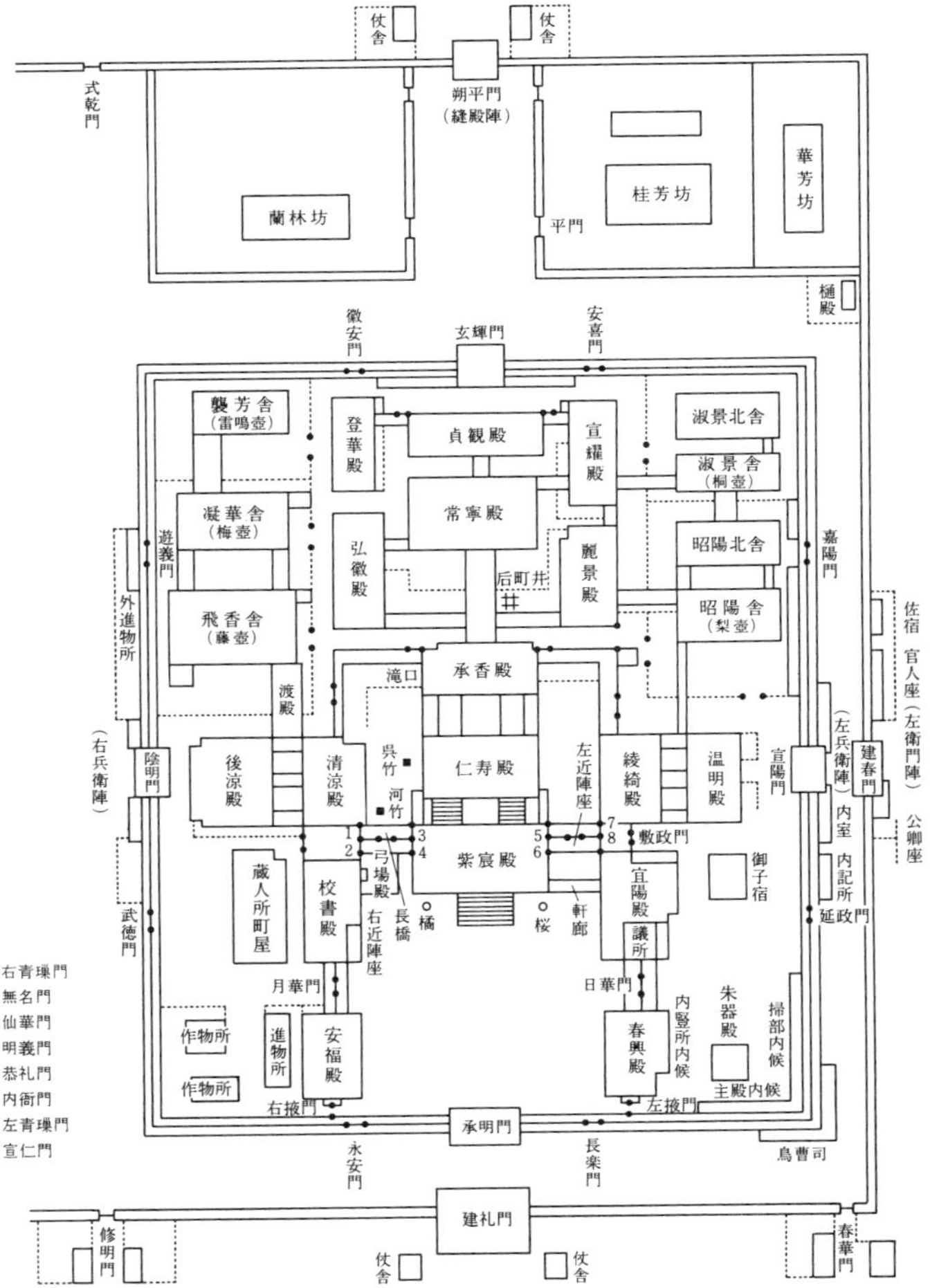

杖舎
杖舎
式乾門
朔平門
(縫殿陣)
蘭林坊
平門
桂芳坊
華芳坊
樋殿
徽安門
玄輝門
安喜門
襲芳舎
(雷鳴壺)
登華殿
貞観殿
宣耀殿
淑景北舎
淑景舎
(桐壺)
凝華舎
(梅壺)
常寧殿
遊義門
弘徽殿
麗景殿
昭陽北舎
嘉陽門
后町井
外進物所
飛香舎
(藤壺)
昭陽舎
(梨壺)
佐宿
官人座(左衛門陣)
滝口
承香殿
渡殿
(右兵衛陣)
陰明門
後涼殿
清涼殿
呉竹
河竹
仁寿殿
左近陣座
綾綺殿
温明殿
宣陽門
(左兵衛陣)
建春門
内室
公卿座
敷政門
紫宸殿
弓場殿
蔵人所町屋
校書殿
長橋
橘
桜
軒廊
宜陽殿
御子宿
内記所
延政門
武徳門
右近陣座
議所
月華門
日華門
朱器殿
作物所
進物所
安福殿
春興殿
内豎所内候
掃部内候
作物所
主殿内候
右掖門
承明門
左掖門
永安門
長楽門
鳥曹司
建礼門
修明門
杖舎
杖舎
春華門
1 右青瑣門
2 無名門
3 仙華門
4 明義門
5 恭礼門
6 内衙門
7 左青瑣門
8 宣仁門

図 2-2　平安宮内裏図

わかる。こうした儀礼や儀式に関する変化は、この時点の宮中儀式を集大成した『内裏式』として弘仁一二(八二一)年に結実する。

以上のような政策は、天皇、そして律令政府の性格を必死に中国風に変えようとする涙ぐましい努力であったが、この辺りの事情をもう少し、別の角度から探ってみよう。

天皇の服装の変化

天皇と唐風化の関係を知ることのできる恰好の史料がある。それは、弘仁一一(八二〇)年二月に下された天皇・皇后・皇太子の服装についての詔である。天皇の服装は、神事の時には帛衣《はくのきぬ》(白の練絹《ねりぎぬ》)、元旦に臣下から朝賀を受けるときには袞冕《こんべん》十二章、毎月一日、臣下から政務を聞く際、「蕃国の使」(具体的には新羅・渤海からの使者)から上表を聞く時、また大小の儀式の際には黄櫨《こうろ》染《ぜん》の衣を着ることになった。袞冕十二章とは、太陽・月とともに竜の刺繡がある礼服《らいぶく》と旒《りゅう》が垂れた四角形の冠のことで、中国の皇帝がとくに重要な儀式に用いた服装であった(図2-3)。黄櫨染の衣も、櫨《はぜのき》と蘇《す》芳《おう》で染めた、黄色に少し赤みが入った色の衣服のことで、中国の皇帝が通常の儀式の際に身にまとったものである。この色は皇帝のみに許され、日本でも天皇以外に着ることが禁止されて、禁色《きんじき》となった。また、この日には皇后や皇太子の服装も定められた。

この服装規定からわかることは何だろうか。誤解を恐れずに言えば、それは対外的な儀式の際は、天皇から皇帝に転成した一方、神事の際には、ヤマト王権以来の神、もしくは神を祀る

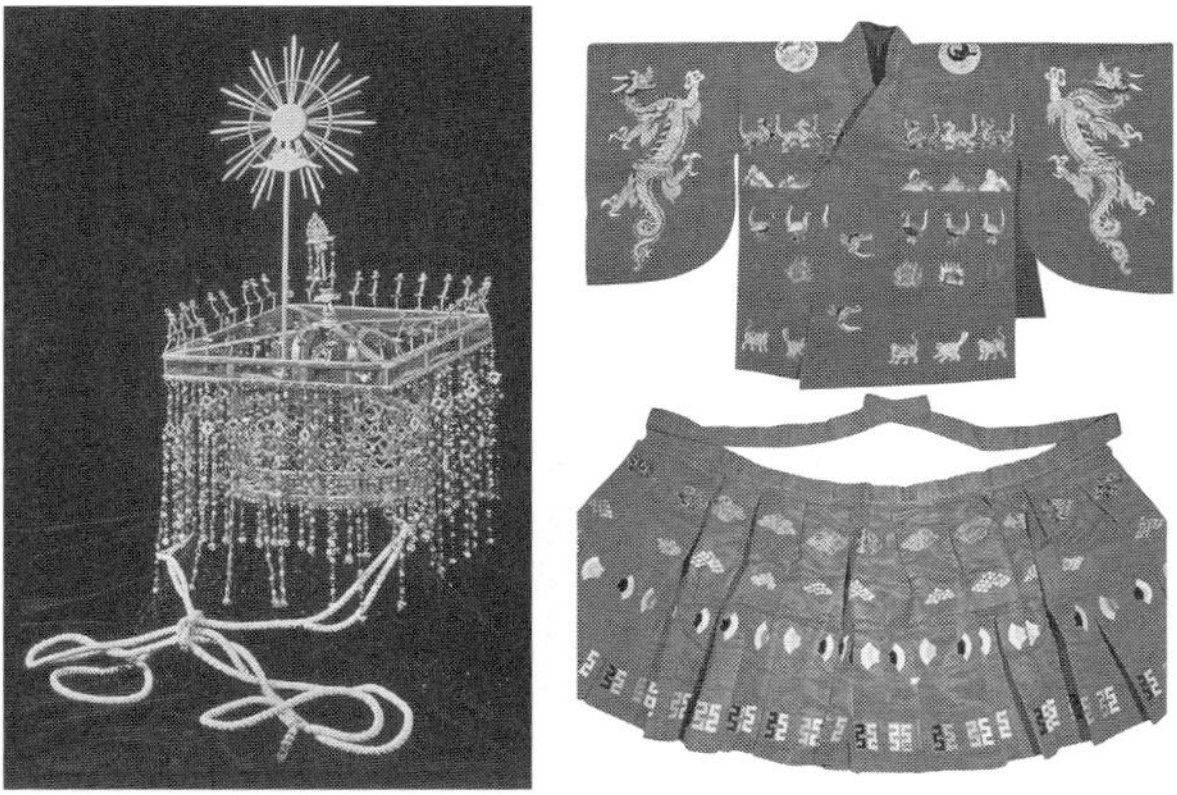

図 2-3　孝明天皇(江戸末期)が用いた冕冠(左)と袞衣(右)

司祭者「オオキミ」として、存在し続けたということである。唐風化を指向しつつも、旧来の古い体質も保存していたことは、天皇の性格を知る上で誠に興味深い。

ちなみに、この詔は一過性の法令ではなく、後に貞観《じょうがん》臨時格に収められた（現存する『類聚三代格』では欠落している）。「格《きゃく》」は、後述のように有効法として編纂時以降にまで影響を及ぼしたので、この詔は以後の天皇・皇后・皇太子の服装の基本になり、明治初期まで継承された。

筆者は、「はじめに」で、明治四年の勅を引用し、それまでの天皇の服装が「中古唐制を模した服装」と考えられていたことを示した。もちろん、この勅を起草した人物が、弘仁一一年の詔を意識していたとは思わないが、唐制の模倣という視点からすれば、この詔が重要な契機になったとみることが可能であろう。

さらに、明治八年の規定を考慮に入れれば、規範とすべき国の服装への転換をはかりつつも、祭祀のみは古来の服装にこだわった点も共通する。千年以上の時を隔てても、日本人の対外意識と祭祀意識に共通性がみられることに驚かされる。日本人の外来文化摂取への積極性と伝統に対する保守性については、しばしば指摘されるところだが、それは何も近代になってはじまったことではない。

格式の編纂

それでは「格」とはどのようなものなのだろうか。平安前期の法令の特徴として格式の編纂がある。格とは、律令に対する追加法のことで、式とは律令や格を運用する上での施行細則のことである。律令に対して格式とも、四つを併せて律令格式とも称する。律は現在の刑法、令は行政法にあたる。律令はもともと秦漢《しんかん》以来、中国で発達した法で、ローマ法にも匹敵する体系制を持っていた。唐の律令を日本の実情にあわせて改編し、日本独自の律令を編纂する試みは、飛鳥浄御原令《あすかきよみはら》(律は唐律を代用)、大宝《たいほう》律令、養老《ようろう》律令と続けられてきた(近江令が編纂されたか否かという点ははっきりしない)。

しかし、社会の変化にともなって、律令だけでは現実に十分対応できなくなり、新たに法令を制定して律令に補足を加えたり、律令を改変するケースが生まれてきた。そこで、平安時代初期には三度の法編纂を行って現実的な対応をとろうとした。これが弘仁格式、貞観格式、延《えん》喜《ぎ》格式である。

ただし、中国の律令と格式は、一般的には同時に編纂・施行されたが、日本の場合には、格式が単独で編纂・施行された。この点は日本と中国の大きな違いである。平安時代には、律令を編纂しようとせず、格式の編纂のみで対応しようとしたのであった。

弘仁格式は、弘仁一一（八二〇）年四月に撰進され、天長七（八三〇）年一一月に施行された。ところが、不備が多かったらしく編纂は継続し、ようやく承和七（八四〇）年四月に「改正遺漏《いろう》紕謬《ひびゅう》格式」（漏れや誤りを改訂した格式）として再施行された。

このような複雑な経過をとったのは、はじめての格式編纂に多くの困難がともなったためである。格の編纂とは、形式的に体裁を整えるだけではなく、法令のうち無効になった部分を削除し、不十分な部分に書き換え・増補の手を加えるというものであった。式では、既存の法令を「凡《およそ》」ではじまる形式に書き改めるだけでなく、格との整合性をはかった。格は全一〇巻、式は全四〇巻にわたる大部なもので、全体の調整には膨大な時間を必要とした。

天皇を縛る法

『貞観格』は、貞観一一（八六九）年に撰進・施行された。巻数は一二巻で『弘仁格』より二巻多い。この二巻は、中国で編纂された格（『開元格』）に倣って「臨時格」と呼ばれる。例えば、前項で指摘した、天皇・皇后・皇太子の服装を規定した弘仁一一年詔がここに収められている。

これはじつは、法令の性質としても興味深い変化であった。それまで日本の律令には、中国とは異なり、基本的に天皇を拘束する規定がなかった。弘仁格式も同様であった。その理由は、天皇を神として位置づけるためであったと考えられる。ところが、弘仁一一年詔は『貞観格』に収められた。つまり『貞観格』においてはじめて天皇に関する法令が規定されたのである。前項で触れたように、桓武朝以降、天皇は中国的皇帝の姿に近づこうとしたが、それに対応して、天皇も、中国と同じく、法によって制約されるようになったのである。

一方、『貞観式』は、貞観一三年に撰進・施行された。二〇巻である。この式には、『弘仁式』から変更、追加・廃止したものだけが収められた。したがって、『貞観式』は『弘仁式』と併用され、分量も『弘仁式』の半分であった。

最後の格式が延喜格式である。『延喜格』は、全一二巻で、延喜七(九〇七)年に撰進・施行された。一方、『延喜式』の編纂・施行には複雑な背景があった。この式は、全五〇巻で、延喜五年、編纂に着手し、延長五(九二七)年に完成した。しかし、施行は康保《こうほう》四(九六七)年で、完成以来、四〇年もの年月が経過している。その理由は、『弘仁式』『貞観式』に取捨選択を加え、式の集大成をはかったために、いったん完成した後も編纂が続けられたこと、また天徳《てんとく》四(九六〇)年に内裏が全焼し、編纂事業に大きな打撃となったためと推測されている。

『延喜式』は法令というより、むしろ以後の政治・文化のよりどころとして、今日でもしばしば使用される。例えば、神社の社格として「式内社《しきないしゃ》」という言葉があるが、これはその神社が延喜神名《じんみょう》帳に登録されていること、つまり「延喜式内社」を省略した名称なのである。

なお、三代の格自体は現存していないが、『類聚三代格』にほとんどが収められて内容を知ることができる。『弘仁式』『貞観式』も一部を除いて伝わらないが、『延喜式』はほぼ完全な形で伝えられている。

格式の編纂は、唐の法律体系にようやく日本が追いついたことを示している。九世紀、律令国家としての日本は変質する面もあるが、法制度からみれば、もっとも中国に近づいた時代であったともいえよう。

3　最澄と空海

それでは、宗教的な面では、唐との関係はどのようなものだったのか。当時の仏教のありようを中心にみてみることにしよう。

山林修行と神仏習合

古代の日本では、僧侶は山林との間に深い関係を持っていた。僧侶は、病気治療など呪術的な力を発揮することを求められたために、深山幽谷のなかで修行することによってマジカルな力を求めようとしたのである。著名なところでは、孝謙(称徳)天皇の病を癒すことで信任を得た道鏡が知られている。

具体的修行についていえば、例えば虚空蔵求聞持法《こくうぞうぐもんじほう》があった。山林のなかで智恵をつかさどる虚空蔵菩薩の名号を一〇〇万回唱えると、驚異的な記憶力が授かるというもので、経典の暗唱には記憶力が必要とされたから、多くの僧侶が実践した。むしろ、当時の僧の実態は、寺院と山林を往復する「修行者」であったといった方が適切かも知れない。

こうした僧たちのあり方は、結果的に神と仏を近づけることになった。もともと、仏教と日本古来の神信仰は、対立する要素を含んでいた。史実かどうかは問題があるが、仏教を倭国に取り入れるべきか否かを天皇が諮問した際、物部《もののべ》・中臣《なかとみ》氏は「外国の神を崇めれば、「国神《くにつがみ》」の怒りを買います」と答え(欽明一三年紀)、また、伊勢神宮では、「僧」「寺」の忌み言葉として「髪長」「瓦葺」が使用されていた(『皇大神宮儀式帳《こうたいじんぐう》』)。表向きは、仏教と神信仰は排他的関係にあったのである。

しかし、例えば、古代美濃国の有力氏族牟義都《むげつ》氏の本拠であった弥勒寺《みろくじ》遺跡群(岐阜県関市)では、氏寺と神祇祭祀を行った遺跡が、尾根を挟んではいるものの同一敷地内にあり、地域社会においては、仏教と神祇信仰にそれ程大きな対立はなかったと推測される。

苦悩する神

そもそも仏教は、日本に限らず、伝播した土地の固有信仰を取り込みながら発展してきた。インドでも多くの固有神が取り込まれ、仏教に同化した(梵天《ぼんてん》・帝釈《たいしゃく》天・阿修羅《あしゅら》など）。また、中国でも道教と習合を繰り返してきている。日本でも同様な現象が起こることは必然であった。

日本の場合、神が神であることに苦悩し、仏教の力により、神の身から離脱し救済されたい（神身離脱）との託宣が下され、それを契機として、神宮寺（神のために建立された寺院）が造られる場合が多い。古来広く信仰されてきた八幡神が僧侶の姿をとる僧形八幡神像（図２－４）をはじめ、神像が修行中の姿をあらわす菩薩形《ぼさつぎょう》をとっているのも、苦悩を克服しようとする修行者の姿なのである。

図 2–4　僧形八幡神像（薬師寺）

例えば、三重県桑名市にある多度《たど》神宮寺の場合、天平宝字七（七六三）年、満願《まんがん》という僧が多度神社の傍らに住み阿弥陀仏《あみだぶつ》を製作した。その時、「自分は多度神である。私は重い罪のために神に身をやつしてしまった。できることならば神の身を離れ、仏教に帰依したい」との託宣が降ったため、満願が小堂と神像をつくったのが多度神宮寺のはじまりであったという。その後、桑名郡の郡司が鐘や鐘楼を、美濃国の在俗僧が三重塔を寄進し、大僧都《だいそうず》賢璟《けんけい》も三重塔をつくった。また、私度《しど》僧（官許を得ていない僧）が多度神を信仰する民衆を率いて伽藍《がらん》を建てたといわれている(『多度神宮寺伽藍縁起《がらんえんぎ》并《ならびにる》流記《き》資財帳』)。

この史料に見える満願は、天平勝宝《しょうほう》年間(七四九〜七五七)には常陸国鹿島《かしま》神宮寺を建立し、相模国箱根神宮寺の草創にも関与したらしい。こうした神仏習合思想を積極的に広めたのは、諸国を渡り歩く遊行《ゆぎょう》僧であった。

それでは、なぜ、神が苦悩を表明したのであろうか。それは多度神宮寺にもみえる郡司を中心とした在地の有力者の変質と関係している。奈良時代後半以降、私出挙《しすいこ》(私的に郡司や富豪などが春に農民に稲を貸し出し、秋に利息付きで返済させる貸付制度)による重い利息や天災・疫病などのために、村落は荒廃していた。その結果、在地の有力者が祀っていた神の求心力が衰え、同時に彼らの支配力も低下したと考えられる。つまり、苦悩する神の姿は、有力者の姿そのものであったのだ。そこで、彼らは神信仰を補うためにより広い信仰力を持つ仏教に帰依し、この危機を脱しようとしたらしい。在地の神の信仰圏は限定的であったが、仏教は普遍的である。

ただし、近年になって神仏習合の起源を中国に求めようとする見解も有力になってきた。中国でも、僧侶の読経や講話を聞くことによって、神が苦悩から解放されたとの記事が僧侶の伝記(僧伝)などに散見することから、中国起源の神仏習合思想が日本に伝わったのではないかとする説である。しかし、日本か中国かという二者択一で考えるのではなく、両者の相乗効果によって神仏習合が盛んになったと考えるべきであろう。

平安初期の僧侶としてよく知られている最澄と空海《くうかい》もまた、山林修行と無縁ではなかった。

最澄と天台教学

最澄は、近江国滋賀郡古市《ふるいち》郷(現滋賀県大津市付近)に、神護景雲元(七六七)年、三津《みつの》首《おびと》百枝《ももえ》の子供として生まれた(前年とする説もある)。三津首氏は渡来系氏族で、一二歳で近江国分寺の行表《ぎょうひょう》に師事し、一五歳で得度、一九歳で受戒した。その年彼は、比叡山で山林修行をはじめた。山林修行は、神秘主義を重視する密教と重なる部分も大きい。

その後最澄は天台教学を学びはじめる。彼はなぜ天台《てんだい》教学に関心を持ったのだろうか。天台教学は六世紀に中国で生まれた宗派だが、どうやら鑑真《がんじん》が唐から請来した経典のなかに、天台教学と関係するものがあったらしい。最澄はそれらを学び、天台教学に目覚めたものと思われる。天台教学を修めた最澄は、延暦一六(七九七)年、三二歳のとき宮中で天皇の安寧を祈る内《ない》供《ぐ》奉十禅師《ぶじゅうぜんじ》の一人に選ばれた。

延暦二一(八〇二)年、彼にとって大きな転機が訪れた。和気氏の氏寺である高雄《たかお》山《さん》寺(後の神《じん》護《ご》寺)に招かれ、天台教学を講説したのである。和気氏は、長岡・平安遷都に大きな貢献をし、桓武の信任も篤かった和気清麻呂の一族である。

桓武天皇は、和気氏を通じて最澄を知り、天台教学に触れ、その興隆を目指そうとした。当時、桓武は早良親王の怨霊に悩まされ、また、皇太子の安殿親王の病気も早良親王の怨霊によるものだとの占いも出ていたので、最澄が説いていた天台の教えが魅力的に映ったに相違ない。

前述したように、一般的に桓武は、仏教に対して冷淡であったと考えられる傾向にある。確かに寺院や僧侶に対して、厳しい統制を与えたことは事実である。しかし、天智天皇への親近感があったとはいえ、延暦五(七八六)年から近江国滋賀郡(現滋賀県大津市)の山中に梵釈寺《ぼんしゃくじ》を建立しはじめ、また、平安京にも東寺・西寺を造営したことからみると、単純に仏教を嫌ったわけではなく、奈良時代以来の世俗と深くかかわっていた仏教界のあり方に反発を感じていたとみるべきだろう。反面、山林修行などを行った清浄な僧侶や寺院、そして王権を守護する寺院については その存在を認めていた。それに早良親王の怨霊問題が加わった。桓武の後半生は、仏教に対して大きな期待を寄せるようになっていた。

こうしてみると、山林修行を行い、後に内供奉十禅師にも任じられた最澄の登用は、まさに桓武の仏教観に適合したといえるだろう。当初、最澄とは別人が遣唐使に加わる予定であったが、桓武の思いは強く、ついに最澄その人を入唐請益僧《にっとうしょうやく》(短期留学僧)として派遣することに決した。

空海の生い立ち

一方、空海は、宝亀五(七七四)年、讃岐《さぬき》国多度郡(現香川県善通寺《ぜんつうじ》市付近)に、多度郡司佐伯直《あたい》田公《たきみ》の子として生まれた(都で生まれたとの説もある)。幼くして、母方の外舅《がいしゅう》で、伊予親王の侍講(家庭教師)であった阿刀大足《あとのおおたり》について学問を修めた。その後、都の大学で儒教（明経道《みょうぎょうどう》）を中心として学んだ。空海の故郷の近くには佐伯氏の氏寺と考えられる古代寺院跡があり、讃岐国からは、明法家《みょうぼうか》など多くの学者も輩出している。また、多度津という港があり、畿内との交流も盛んであった。空海が仏教や学問に興味を持つようになったのは、こうした生活環境にあったと言えよう。

このまま順調にいけば、空海は将来を約束されていた。都で学者か下級役人になれたであろうし、故郷に帰って郡司になることも夢ではなかった。しかし、彼はその道を選ばなかった。空海は突然僧侶への転身をはかったのである。そのきっかけは、一人の沙門《しゃもん》（在俗僧）と出会い、虚空蔵求聞持法を授けられたからであるという。これは前項で述べたように記憶力を増進する修行法であった。

その後、彼は吉野の金峯山《きんぷせん》や室戸《むろと》岬・石鎚《いしづち》山などの四国の山々を跋渉し、山林修行に励んだ。そして、俗世と決別するために著したのが『聾瞽指帰《ろうこしいき》』である。この書は、わが国初の小説とも評され、仏教・儒教・道教をそれぞれ擬人化させた仮名乞児《かめいこつじ》・亀毛《きもう》先生・虚亡隠士《きょむいんし》などを登場させ、三教の論争の形をとりながら、仏教が一番勝っていることを説いている。彼の将来を嘱望し、出家に反対していた家族や親類縁者に対して、仏門に入る理由と自分の意志が固いことを示した宣言の書とでもいうべき性格を持っている。

それからの七年間、空海の足取りはようとしてつかめない。一介の私度僧に過ぎなかった空海が、どのような経緯で遣唐留学僧《るがくそう》(長期留学僧)に選ばれたのかはよくわかっていないのである。この点について私見を述べるならば、阿刀大足を介して伊予親王の推薦を受けたのではなかったかと思う。伊予親王は桓武にかわいがられていたが、桓武の死後、謀反の疑いをかけられて、母親ともども自殺することになる。この事件の影響により、後世の記録では推薦者の名前をわざと伏したのではなかろうか。一つの憶測ではある。

唐での修行

延暦二三(八〇四)年七月、二人は遣唐使船に乗り、肥前《ひぜん》国を出発した。最澄は請益僧として第二船に、空海は留学僧として第一船に乗り込むことになった。遣唐大使は、桓武の信任も厚い藤原葛野麻呂《かどのまろ》である。当時の遣唐使船は四隻の場合が多かったが、第四船は孤島に流され、第三船は行方不明となった。二人の足取りをしばらく追ってみよう(図2-5)。

最澄の乗った第二船は、九月に明《めい》州に漂着した。その後、台州(浙江《せっこう》省)では道邃《どうすい》(天台中興の祖ともいわれる湛然《たんぜん》の弟子)や行満に就いて学んだ。とくに道邃は天台七祖で天台山修禅《しゅうぜん》寺座主も務めていた。最澄を彼らに紹介したのは、台州の長官陸淳《りくじゅん》である。

ついで、最澄は天台山国清《こくせい》寺に向かった。天台山は、天台宗を開いた智顗《ちぎ》が修行した地として知られ、中国本土はもとより、周辺諸国からの巡礼者でにぎわっていた。最澄が最新の天台教学を学ぶにはうってつけの場所であった。

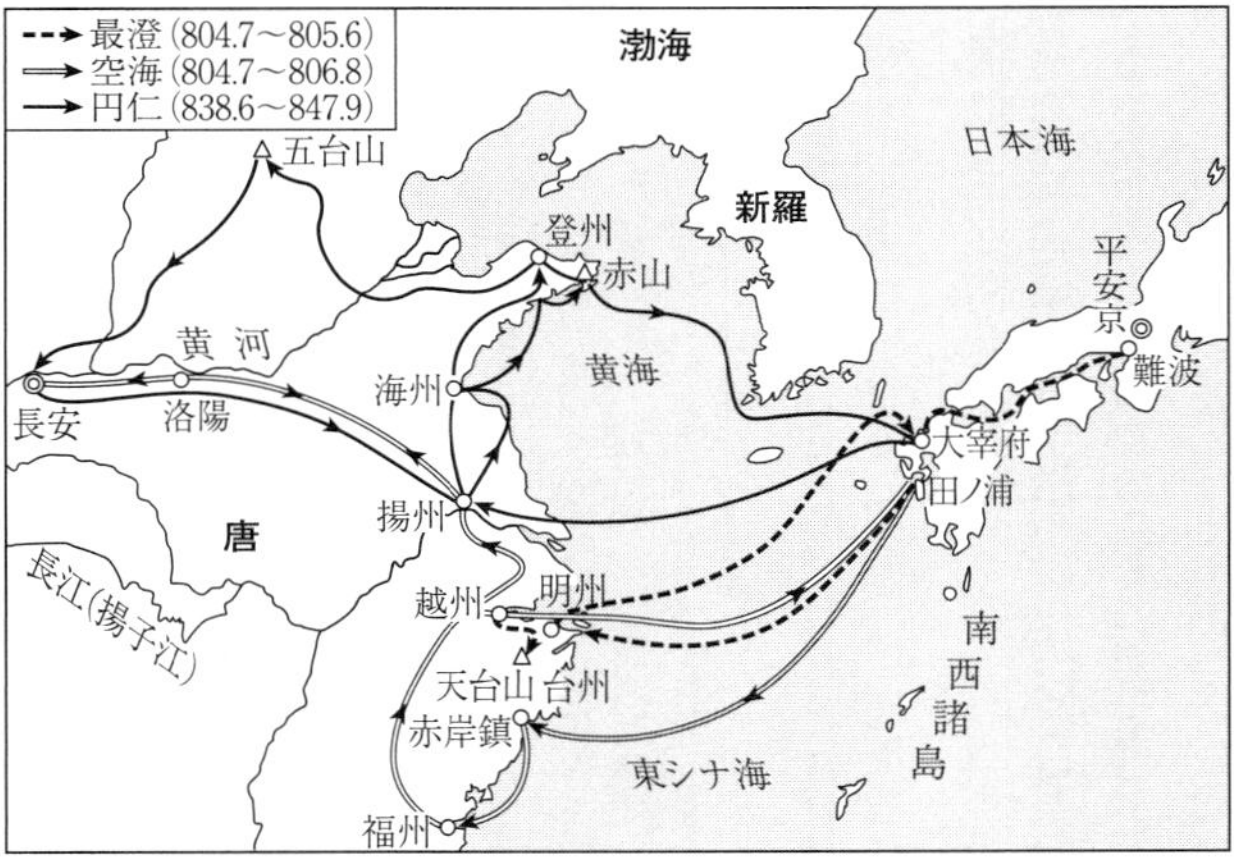

図 2-5　空海・最澄・円仁の入唐求法の旅

しかし、限られた時間しか持たない請益僧はのんびりとはしていられない。台州に戻ると、道邃からさらに天台の教えを学び、菩薩戒を授けられた。そして、今度は、明州で遣唐第一船の乗員と旧交を温めた後、経典を書写するため、越州の龍興《りゅうこう》寺に向かった。

ここで最澄に幸運が訪れた。龍興寺の近くで順暁《じゅんぎょう》が修行していたのであった。順暁とは、善無畏《ぜんむい》から続く天台の正統な継承者で、一行《いちぎょう》(弘景《こうけい》から天台を学んだが、善無畏の弟子でもあり、『大日経疏《だいにちきょうそ》』をつくった)や不空《ふくう》(真言第六祖、真言宗の根本経典の一つ『金剛頂経《こんごうちょうきょう》』を漢訳)にも師事したことのある学僧であった。最澄は順暁に学び、胎蔵界《たいぞうかい》と金剛界の灌頂《かんじょう》を授けられた。灌頂とはインドの即位儀礼に範を求め、頭に香水《こうずい》を注いで、秘法を伝授する儀式のことである。つまり、最澄は順暁の正式な弟子として認められたのであった。

こうして最澄は所期の目的を果たし、明州から遣唐第一船に乗り帰途についた。延暦二四(八〇五)年六月のことであった。彼の請来した典籍は『僧最澄請来目録』のなかにみることができる。

奥義の伝授

一方、空海の乗った第一船は漂流したあげく、何とか福州赤岸鎮《せきがんちん》(福建省)に漂着した。しかし、土地の長官に海賊ではないかと疑われ、上陸の許可が与えられなかった。遣唐大使は何度か上陸許可を求める書状を送ったが認められず、今度は空海がこれまでの経緯、日本と唐との関係などを書き綴った。この上申書によって、一行は上陸を許され、一一月三日、長安へと向かった。そして、一二月二一日、夜を日に継いでの強行軍により長安に到着した。当時の外国使節は、元日朝賀に出席することになっていたためである。そして、時の皇帝徳宗《とくそう》に拝謁した。

大使一行は二月、長安を離れたが、空海は橘逸勢(後に承和の変で配流)らと残ることになり、西明寺《さいめいじ》に移り住んだ。この寺は第三代皇帝高宗《こうそう》が建立したものだが、奈良時代以来、遣唐使として渡った日本人留学生の居住先となっていた。いよいよ空海の勉学がはじまったのである。

まず、北インド出身の般若三蔵(唐でも有名な経典の翻訳家)と牟尼室利《むにしつり》三蔵から、梵語(サンスクリット語)とインド哲学を学んだ。漢字で記された経典は、もともと中国で梵語から漢訳されたものであるから、密教の本質を知るには梵語が不可欠であった。

次に空海は延暦二四（八〇五）年に青龍寺の恵果《けいか》（真言第七祖）を訪問し、師事することになった。恵果とは、金剛智―不空と続く『金剛頂経』系の密教（金剛界を重視）と、善無畏―一行と続く『大日経』系の密教（胎蔵界を重視）の正統な継承者であった。空海によれば、死期の迫った恵果は空海が訪れることを予期しており、すぐに灌頂壇に入ることを促したという（『僧空海請来目録』）。その言葉のとおり、恵果は六月に胎蔵界の灌頂、七月に金剛界の灌頂、八月には伝法灌頂を授け、三カ月のうちに真言の奥義をことごとく空海に伝授した。また、恵果は経典・曼荼《まんだ》羅《ら》・法具なども空海に贈った。これらのいくつかは、現在でも東寺や高野《こうや》山金剛峯寺《さんこんごうぶ》に伝存している。恵果の弟子は千人を越えたが、若くして亡くなった義海《ぎかい》を除けば、この三つすべてを授けられたのは空海だけであった。このことは、正統な真言密教が日本に伝来したことを意味する。

恵果は、予言どおりその年の一二月に亡くなった。翌年、空海は弟子を代表して師を追悼する碑文を作成し、恵果の死を悼んだ。

空海は入唐留学僧であるから、二〇年間程度は唐に留まって勉学するはずであった。しかし、恵果という密教の巨人からすべての奥義を伝授された今となっては、一刻も早く祖国へ帰りたかったはずである。彼は帰国のための手続きをはじめ、大同元（八〇六）年八月に出発した。わずか三年あまりの留学であった。

最澄と空海の関係

帰国後、最澄は、延暦二四(八〇五)年八月、桓武天皇に対し帰朝報告を行った。また、桓武の病気平癒も祈願した。こうした最澄の働きは、早良親王の怨霊に苦しんでいた桓武にとって、朗報であったに違いない。彼は、天台の教えを広めることを臣下に命じた。

そして、ついに翌年正月には、天台宗に二人の年分度者《ねんぶんどしゃ》が認められた。年分度者とは、毎年得度を許される僧侶のことで、天台宗が当時の仏教界において正式に認められたことを意味する。いかにも少ないという感想を持つかもしれないが、既存の三論《さんろん》・法相宗《ほっそう》が各三人、華厳《けごん》・律宗《りっ》が各二人であるから、天台が少ないわけではない。

また、もう一つ見落としてならないのは、南都の諸宗派、そして、年分度者の監督に当たった僧綱《そうごう》(仏教の統制機関で僧正《そうじょう》・僧都《そうず》・律師《りっし》から構成される)との関係である。奈良時代以来、奈良の寺院には南都六宗《りくしゅう》と呼ばれる六つの宗派があり、僧綱を独占していた。また、正式な僧侶になるために必須な授戒も、中央では東大寺戒壇院《かいだん》でしか行われず、僧綱が監督していた。したがって、天台宗に年分度者が許可されたことについて、僧綱は、自らの権益を侵されたと感じたのではなかろうか。後に、最澄は僧綱と激しい論戦を行うが、その伏線はこの辺りからはじまっていたように思われる。

さて、こうして帰国した後に最澄と空海の直接的な関係がはじまる。空海は、帰朝後、しばらくして高雄山寺に居を移した。最澄は、空海に接触し、経典の借覧をしばしば請うている。そして、弘仁三(八一二)年、高雄山寺において、最澄は、空海から多くの僧侶とともに、金剛界・胎蔵界の灌頂を受けた。この時灌頂を授けられた人々の名を書き連ねた空海自筆の史料が、現在も神護寺に伝存している(『灌頂歴名』)。

このことは重大な意味を持つ。なぜなら最澄が、それまでほとんど無名に近かった空海と社会的立場を逆転させるとともに、空海の弟子となったことを公に認めたことになるからである。しかも、両者の仲は徐々に冷え込んでいく。弘仁四年、最澄が経典の貸し出しを願った際、空海は、「密教の教えの本質は文字にあるのではなく、師から弟子への心の伝達にある」(師資相承の重視)として、最澄の依頼を謝絶してしまった。また、弘仁七年には、空海のもとに派遣していた最澄の弟子泰範《たいはん》が、最澄のもとに帰らず、そのまま空海の弟子になるという事件も起こった。このことを契機として、二人の関係は断たれてしまった。

その後の二人

最澄は、弘仁八(八一七)年、みずからの心の傷を癒すかのように、東国への伝道の旅に出る。当時、東国は征夷や天災の影響で荒廃していたことも影響していたのかもしれない。しかし、最大の要因は、当時、東国に最澄と親しい僧侶がいたからである。その名は道忠。彼は、もともと鑑真の弟子であったらしく、下野国大慈寺《だいじ》、上野国緑野《みどの》寺などを拠点として、多くの弟子を擁していた。最澄は東山道から東国に入ったが、彼のもとには膨大な数の民衆が集まったという。

その後東国から帰った最澄は、かねてからの念願であった大乗戒壇の独立運動に立ち上がった。戒壇とは受戒する場のことで、戒を授ける戒師と証人の前で規律を守ることを誓うことになっていた。

最澄にとって、天台宗を発展させていくためには、南都の勢力を排除し、独自に授戒を行う場がどうしても必要だったのである。そこで、彼は『山家学生式《さんげがくしょうしき》』を著して、大乗戒壇の設立許可を申請した。嵯峨天皇は、この扱いについて僧綱に諮問した。僧綱にしてみれば、自分たちの権益を侵されかねない重大事態である。彼らはこぞって最澄を批判し、設立に反対した。両者の間に熾烈な論戦が繰り広げられたのであった。

これに対し最澄は、『顕戒論《けんかいろん》』を著し反駁を加えた。しかし、決着がつかないまま、弘仁一三(八二二)年、最澄は死の床についた。嵯峨天皇は、最澄が入滅した直後(死の前日とする説もある)に、ついに比叡山に大乗戒壇を開くことを認めた。

一方、空海は、弘仁六(八一五)年に内供奉十禅師に任じられ、次第に嵯峨天皇の信任を集めるようになった。そして、翌年、紀伊国の高野山に金剛峯寺を建立する許可がおり、弘仁一四年には、嵯峨から東寺を下賜された。東寺はもともと桓武天皇が平安京に建立した寺院であったが、教王護国寺《きょうおうごこく》とも呼ばれるようになり、金剛峯寺とともに真言宗の中心的寺院になった。東寺講堂に、空海の晩年に計画された多くの密教像があることはよく知られている。

空海の場合、東大寺別当を務めた経験もあり、南都との関係はいたって良好であった。そのため、彼は承和二(八三五)年、念願であった宮中に真言院を建てることを許可されたが、とくに僧綱とも軋轢はなかった。これは中国の内道場を模した施設で、天皇や王権の安寧を密教修法により祈願するための施設であった。後には、正月七日から一五日まで行われる後七日御修法《ごしちにちのみしほ》と呼ばれるようになる。この三カ月後(承和二年三月)、彼は六二歳の生涯を閉じた。

ここで、後の歴史を見通してみるならば、次のように言うことができるだろう。真言宗は、空海が恵果の正統な流れを汲んでいたため、完成された形態として伝来した。したがって、以後、空海と比肩しうる僧侶は輩出しなかった。一方、天台宗は、最澄自身が空海から灌頂を受け、また空海に経典の貸し出しを求めたことからもわかるように、いまだ未完成の域にあった。だからこそ、後の時代になって、円仁・円珍のような入唐求法僧が現れたし、鎌倉新仏教の担い手たちの多くも、天台を出発点としながら、新たな宗派を興したとも言える。

4　対外関係の変化

平安時代の遣唐使

遣唐使は、舒明《じょめい》二(六三〇)年に犬上御田鍬《いぬがみのみたすき》がはじめての遣唐使として派遣されて以来、中止を含めて二〇回ほど派遣された。唐の進んだ文物を日本に伝え、日本の発展にとってきわめて大きな役割を果したことはよく知られている。ところが、平安時代には計画を入れて三回、実際に派遣されたのは二回しかない。奈良時代と比べると格段に少ない。

その二回とは、延暦二〇(八〇一)年に任命され、同二四年に帰国した遣唐使、承和元(八三四)年に任じられ承和六年に帰朝した遣唐使である。寛平《かんぴょう》六(八九四)年、大使に菅原道真《すがわらのみちざね》を任命した遣唐使が船出することはなかった。

延暦度については先に述べたので、ここでは承和の遣唐使の跡を追ってみよう。

この度の旅もまた困難なものであった。遣唐大使は藤原常嗣《つねつぐ》(延暦度の葛野麻呂の子)、副使は小野篁《たかむら》で、渡航準備が整い、承和三(八三六)年、三〇年ぶりに博多津を出立したものの、すぐに第一船・第二船・第四船は肥前国に漂着した。第三船は船体を分断され、一四〇人あまりの乗員のうち水夫たち二八人ほどが板きれにつかまって生き延びただけであった。そのなかには、空海の弟子真済《しんぜい》・真然《しんぜん》も含まれていたが、不吉として留められ、代わりに円行《えんぎょう》や常暁《じょうぎょう》が加わった。

承和四年七月、修理された三隻が再び出発したが、またもや渡海に失敗した。第一船と第三船は壱岐島《いきのしま》に流され、第二船も値嘉島《ちかのしま》（現長崎県五島列島）に漂着したのである。ここで大きな問題が発生した。副使の小野篁が乗船を拒否し、遣唐使の派遣を揶揄する歌を作ったのである。大使の常嗣との不仲が原因といわれるが、先祖の小野妹子《いもこ》以来、幾多の外交要員を輩出してきた小野氏に生まれた篁の眼には、遣唐使がすでにその役目を終えたと映っていたのではなかろうか。その結果、彼は位階・官職を剝奪、隠岐《おき》島に流された。

この他にも、逃亡した者が複数いたことが知られている。このようなことは、奈良時代の遣唐使ではほとんど考えられないことであった。政治・制度については、すでに多くのものを吸収したとの思いが強くなったためだろう。代わって、仏教や芸術など文化の摂取が中心となった。前者については、後述する円仁や前述の円行・常暁らがいる。常暁は、唐から怨敵を調伏し、国家の安寧を祈願する大元帥法《たいげんのほう》と呼ばれる修法を持ち帰ることになる。後者の芸術については、藤原貞敏《さだとし》（琵琶）、伴須賀雄《とものすがお》（囲碁）、良峯長松《よしみねのながまつ》（琴）などが、それぞれの分野で優れた技術を伝えた。注目すべきは、これらが以後の平安貴族社会で、貴族の嗜みとして重要視されていくことである。これらの芸能・職能は、日本独自に発達したと考えられがちであるが、そもそごすことはできない。

ものはじまりにおいては中国文化の影響を強く受けていた。承和の遣唐使は、直接、政治制度の変革をもたらしたわけではないので軽視されがちだが、日本文化の成立を考える上では見過ごすことはできない。

新羅との関係悪化

一方、朝鮮半島に眼を移すと、当時の新羅と日本の関係には複雑なものがあった。

そもそも、新羅は唐と連合し、六六〇年には百済、六六八年には高句麗を滅ぼし、ついには唐の勢力をも朝鮮半島から追い出し、朝鮮半島を統一した。その間、天智二(六六三)年には倭国が派遣した百済救援軍が白村江《はくそんこう》で大敗するという事件も起きた。その後、九三五年に滅亡するまでの時期を統一新羅時代と呼んでいる。日本(倭国)と新羅の関係は古墳時代まで遡るが、白村江の戦い以降、より複雑な関係がはじまった。

日本と新羅の関係を大まかにいえば、唐と新羅の関係が良好なとき、そして新羅国内が平穏なときは関係が悪く、唐と新羅の関係が険悪なとき、新羅国内が乱れているときは、両国の関係は良好であるということになる。したがって、白村江の戦いの後、新羅が朝鮮半島から唐の勢力を追い出すと、唐と新羅の関係は悪化し、日本と新羅の関係は改善した。しかし、八世紀はじめに即位した玄宗皇帝の頃から、唐が膨張政策を止めるようになると、日本と新羅の関係は悪化するようになった。天平勝宝五(七五三)年には、長安の大明宮《たいめいきゅう》で、日本の遣唐大使と新羅の使者が席次争いを起こし、ついに藤原仲麻呂が新羅遠征計画を立てたほどである。

しかし、八世紀末に新羅国内で混乱が生じると（四二頁参照）、一転して日本との関係は好転した。宝亀一〇（七七九）年には、「御調《みつき》」を携えて使者を派遣してきた。「調」とは服属の印として献上される象徴的物品のことである。

それではなぜ日本は新羅を属国と考えたのであろうか。それは、日本の小中華思想と関係する。歴代の中国王朝は、自己をもっとも優れた民族・国家であると考え、周辺の国々は野蛮で劣っていると認識した。これを中華（華夷）思想といい、そのことを証するために、周辺諸国に朝貢を義務づけ、代わりに官爵を与えた（冊封《さくほう》体制）。倭の五王時代の倭国が中国に朝貢していたことはよく知られている。しかし、それ以降、島国であるという特殊性も手伝って、日本（倭国）は冊封体制に入らなかった。これは東アジアでも異例である。

こうした歴史的背景から、倭国は中国の中華思想をまねて独自の中華思想を持つようになった。これが小中華思想である。その結果、新羅・百済・高句麗などの朝鮮半島諸国やエミシ・隼人《はやと》・南島の人々を「諸蕃」と位置づけ、「朝貢」を要求したのであった。

さて、問題が起きたのは、承和三（八三六）年、遣唐使を派遣する際のことであった。日本政府は、派遣に先だって、遭難した場合の保護を求める使者を新羅に送った。ところが、その使者に対する返答が議政官を激怒させた。新羅がみずからを「大国」と称し、遣新羅大使紀三津《みつ》のことを「小人」と呼んだ。これは新羅が日本を対等と認識するようになっていたことを示している。

これに対して、日本政府は、承和九年に外交方針を大きく転換した。それまで、「帰化」の意思がはっきりしている外国人にはそれを許してきた立場を改め、以後は基本的に「帰化」を認めず、漂流民に対しても食料や衣服を与えて、追い返すことを命じたのである。この命令は『貞観格』に収められ、以後も長く先例として生き続け、日本の外交方針となった。と同時に日本が東アジアのなかで、他の国々と国交を結ばなくなる端緒ともなったのである。

ただし、実態としては、新羅や唐の商人はたびたび日本に来航し、貿易を行っていた。この点は第五章で詳しく述べるが、この項で扱ったのはあくまで日本政府のとった表向きの対外政策であるということは、断っておかなければならない。

「神国日本」の成立

さらに、新羅との関係を決定づけたのが、貞観一一(八六九)年に起こった新羅海賊事件である。この年の五月、新羅船が博多に侵入し、豊前《ぶぜん》国の貢綿船を襲って積み荷を掠奪するという事件が起きた。

さらに、翌年には新羅に捕らえられた後、逃げ帰った対馬《つしま》国の住人から、対馬国に遠征するために、新羅で大船を建造中であるとの情報がもたらされた。新羅に対する警戒感がいやがおうでも増幅されるにしたがって、新羅に対する嫌悪感も深まった。

こうした事件を契機として、在地から徴発した兵士が沿岸防備の役に立たないと知った政府は、西日本各地にも俘囚《ふしゅう》(律令国家に服従したエミシ)を配してそれに当たらせることにした。

また、政府は、伊勢神宮や石清水《いわしみず》八幡宮など、王権と深い関わりのある神社、そして豊前国宇佐《うさ》八幡《はちまん》宮など九州の主要な神社に国家の安寧を祈った。注目すべきは、その宣命のなかで、日本は「神明の国」であると述べていることである。こうした言葉はそれまでみえなかったことから、この時期に「神国日本」という考え方が出現したと推測される。

とくにここで大きな意味を持つようになったのは八幡神である。八幡神は、もともと宇佐八幡宮を本社としたが、貞観元(八五九)年には、山城国の南(現京都府八幡市)に石清水八幡宮として勧請された。また、道鏡を天皇にせよとの託宣事件が起きたことからもわかるように、八幡神は、奈良時代から王権と深い関係にあったが、朝鮮半島に出兵して新羅・百済・高句麗を征服した後、九州で後の応神《おうじん》天皇を産み落としたとの神功《じんぐう》皇后の伝承(『日本書紀』)が大きく取り上げられるようになり、ついに神功皇后・応神天皇と八幡神は同体であるとの言説が現れた。こうして、八幡神は王権の信仰をいっそう集め、アマテラス神とは別の意味で、皇祖神として位置づけられるようになったのである。

日本の「鎖国」化

このような新羅観の悪化は、対外関係自体の矮小化にもつながった。貞観年間に編纂された『貞観儀式』に当たると推測される『儀式』の追儺《ついな》(毎年、大晦日に疫鬼を追い払う年中行事。現在節分に行われる豆まきの源流)には、東は陸奥国、西は遠《お》値嘉島《ちかのしま》（五島列島）、南は土佐国、北は佐渡国より外に疫鬼は住み、その地は穢《けが》れているとの記載がある。新羅への警戒・恐怖観の裏返しとして、「神国日本」、そして外国に対して閉じた日本が生まれたのである。

神功皇后のいわゆる「三韓征伐」は、近代において日本の朝鮮侵略の口実の一つになったし、「神国日本」という考え方も戦前の日本を席巻した。九世紀のこうした対外関係の変化は、そのままではないにしろ、近代日本にも大きな影響を与えたのであった。

ただし、新羅問題だけが日本の鎖国化を招いたとは考えられない。注目したいのは、九世紀はじめまで議政官のなかに遣唐使として派遣された者がいたにもかかわらず、承和七（八四〇）年に亡くなった藤原常嗣（承和度の遣唐大使）を最後として、渡唐経験者が公卿のなかにいなくなったことである。これは、議政官の多くを藤原氏が占めるようになり、世襲制が広がってきたことを一方では意味するが、同時に唐や新羅の脅威が相対的に減少するにしたがって、外国経験がそれほど重要視されなくなったことを意味する。このようななかで、日本の閉鎖性が促進されるのは、むしろ当然であったと思われる。

そもそも日本の遣唐使の回数および派遣人員の数は、新羅や渤海と比べれば格段に少ない。その原因は主として地理的条件の違いであるが、裏を返せば、少ない入唐経験者が日本の文化に大きな影響を与えたことになる。いささか不謹慎との誹りは免れないかも知れないが、もし、最澄や空海が第三船や第四船に乗り込み、難破して渡唐できなかったとしたら、平安時代の宗教界はまったく異なったものになっただろう。さらに、天台宗からほとんどの鎌倉新仏教が生まれたことを考慮すれば、その影響は現代に至るまで計り知れない。島国日本の宿命とは言え、中国文化は、かなりの偶然性と選択性をもって請来されたと言えるだろう。

渤海との交流

新羅と並んで、日本と関係の深かったのが渤海である。渤海は、七世紀末に、中国の東北部(吉林《きつりん》省敦化《とんか》市付近)で、高句麗の末裔や靺鞨《まっかつ》人により建国された国である。領域は現在の中国にとどまらずロシアにも広がっていた。渤海は、唐や新羅との関係悪化、そして自国内での王位争いもあり、七二七年以降、九二六年、契丹(遼《りょう》)に滅ぼされるまで、しばしば日本に使者を送ってきた。ここには当時の東アジア情勢が大きく関係している。

一方、日本にとっても、新羅との関係が悪化し、新羅の使者が途絶えがちになると、唯一の「朝貢国」として「小中華思想」を満足させる存在となり、「蕃国」としてその「朝貢」を重視するようになった。

彼らは、当初、北東アジアでの孤立状態を脱し新羅を牽制するため、しばしば使節を日本に送ってきた。とくに、八世紀後半以降には、二～三年ごと、多いときには毎年である。しかし、東アジア情勢が安定するようになっても、渤海の「朝貢」は続けられた。なぜか。その目的は貿易にあった。渤海使は、一度に数百人も来日することがあり、平安時代初期以降には、通交よりも貿易に主眼が移りつつあった。

こうした頻繁な来航に対して、天長元(八二四)年には、頻度が高すぎるとして、一紀(一二年)一貢制を採ることを要求したが(『類聚三代格』)、実際の間隔はそれより短かった。「朝貢」の場合には、基本的に経費は日本政府が持つことになったし、次に述べるように、渤海使がもたらした品々を貴族たちが争って買い求めたためであろう。

渤海がもたらした物品には、薬用人参(朝鮮人参)や蜂蜜などもあったが、最大の目玉商品は獣皮であった。貂《てん》皮・虎皮・羆《ひぐま》皮などは、高価であっても、当時の貴人にとって喉から手が出るほどほしい品物で、貂皮はコート、虎皮は鞘尻、羆皮は敷物と多くの用途があった。今も昔も、毛皮は高級品として需要が高かったことがわかる。

なお、近年では、従来、中国から直接もたらされていたと推測されていた唐三彩《とうさんさい》や高級織物なども、渤海経由でもたらされた可能性が指摘されている。渤海の遺跡そのものの発掘・解明は今後の課題であるが、日本にとって重要な対外的窓口であったのは確かである。

入唐僧の活躍

遣唐使が派遣されなくなった後も、僧侶たちは唐で学ぶことを求め、入唐《にっとう》する者が相次いだ。著名な人物では、下野国で生まれ、後に最澄からその才を見込まれて承和の遣唐使に加わった円仁がいる。彼は、天台請益僧となった関係から、遣唐使とともに帰国するはずであった。しかし、短期間では成果らしい成果をあげられず、ついに不法滞在する決心をした。そのため登州（山東省）の新羅人のなかに紛れ込み、その土地の有力者である張詠《ちょうえい》の助力により、五台山《ごだいさん》（山西省）に巡礼の目的地を定めた。五台山は文殊《もんじゅ》菩薩の霊地として知られ、天台山とともに中国有数の霊場であった。そこで天台の教えを受けた後、長安に至り、大興善寺の元政阿闍梨《あじゃり》（不空三蔵の三代目の弟子）から金剛界の灌頂を、青龍寺の義真《ぎしん》阿闍梨（不空三蔵の弟子）から胎蔵界の灌頂と蘇悉地《そしつじ》の大法を、玄法寺《げんほうじ》の法全《はっせん》（善無畏の四代目の弟子）から胎蔵界の灌頂を授けられた。さらに、青龍寺にいたインド僧の宝月《ほうげつ》三蔵から悉曇《しったん》（サンスクリット語の字母）を習い、天台第八祖の宗穎《そうえい》から止観《しかん》（禅）も学んだ。

ところが大事件が起きた。会昌《かいしょう》の法難である。時の皇帝武宗は、道教を厚く信仰していたため、ついに会昌五（八四五）年に、国中の僧尼をみな還俗《げんぞく》させる命令を下したのである。円仁も俗人の服を着て長安を離れ、苦難の末、登州にたどり着き、かの張詠にようやく巡り会うことができた。円仁は、在唐一〇年にして、承和一四（八四七）年九月、多くの経典や曼荼羅・仏具とともにようやく大宰府に帰着することができた。円仁の入唐の体験を自身で記した『入唐求法巡礼行記』は、唐の実情を詳細に知ることのできる類い希な史料として、世界的にもよく知られている。

円仁は、比叡山に常行三昧堂《じょうぎょうざんまい》を建て、後に天台浄土教として発展する「念仏」をもたらした。また、天皇の健康を北極星に祈る熾盛光法《しじょうこうほう》を修することも許可され、以後、この修法は円仁の弟子たち(山門派)に相承され、朝廷で重く用いられた。

この他にも、天台宗では円珍、真言宗では円行・常暁・恵運《えうん》・宗叡《しゅうえい》らが密教を伝え独自の寺院を開創した。円珍以降の入唐には、日本に来航していた中国や新羅の貿易船が用いられた。先に、日本と新羅の関係が悪化したことを述べたが、あくまで国家どうしのことであり、民間では、従来にも増して頻繁な交流があった。むしろ、こうした交流こそが遣唐使を必要としなくなった大きな原因であったといえるだろう。

しかし、このような入唐僧の背後には、般若三蔵のもとで梵語経典の漢訳に当たりながら毒殺された霊仙《りょうせん》、円仁とともに入唐し、会昌の法難に遭いながら三〇年近くも唐で修行・集書活動を行い、帰途日本を目前にしながら海の藻屑となった円載《えんさい》、宗叡とともに入唐したものの、中国仏教に飽きたらず、インドへの求法を目指し、羅越国(シンガポール付近)で亡くなった真如《しんにょ》(平城天皇の子、高岳親王)など、二度と日本の土を踏むことができなかった、多くの犠牲があったことを忘れることはできない。

第三章　「幼帝」の誕生と摂政・関白の出現

1　九歳の天皇「清和」

前章で述べたように、承和の変を経て皇統は父子相続へと変化した。しかし、皇統の相続が完全に安定したわけではなかった。嘉祥三(八五〇)年三月、仁明天皇が亡くなり、ついで藤原冬嗣の娘順子を母とする道康親王(文徳天皇)が即位するとその問題は表面化した。

惟仁親王と惟喬親王

文徳天皇には、有力な皇太子候補が二人いた(図3-1)。第一皇子の惟喬《これたか》親王と第四皇子の惟仁親王(後の清和天皇)である。惟喬親王の母は紀名虎《なとら》の娘静子、惟仁親王の母は藤原良房の娘明子、したがって惟仁にとって良房は祖父に当たった。

父子相続の原則から言えば、第一皇子が有利であった。しかも、文徳天皇は惟喬親王に皇位を継がせたかったらしい。文徳は、聡明で政務にも熱心で、しばしばみずから決裁にもあたっていたにもかかわらず、政治の中枢は義父の良房に握られており、良房と対立することもあったためと考えられる。

しかし、紀氏は大化前代からの名族とはいえ、すでに名虎もこの世になく、血統、そして氏

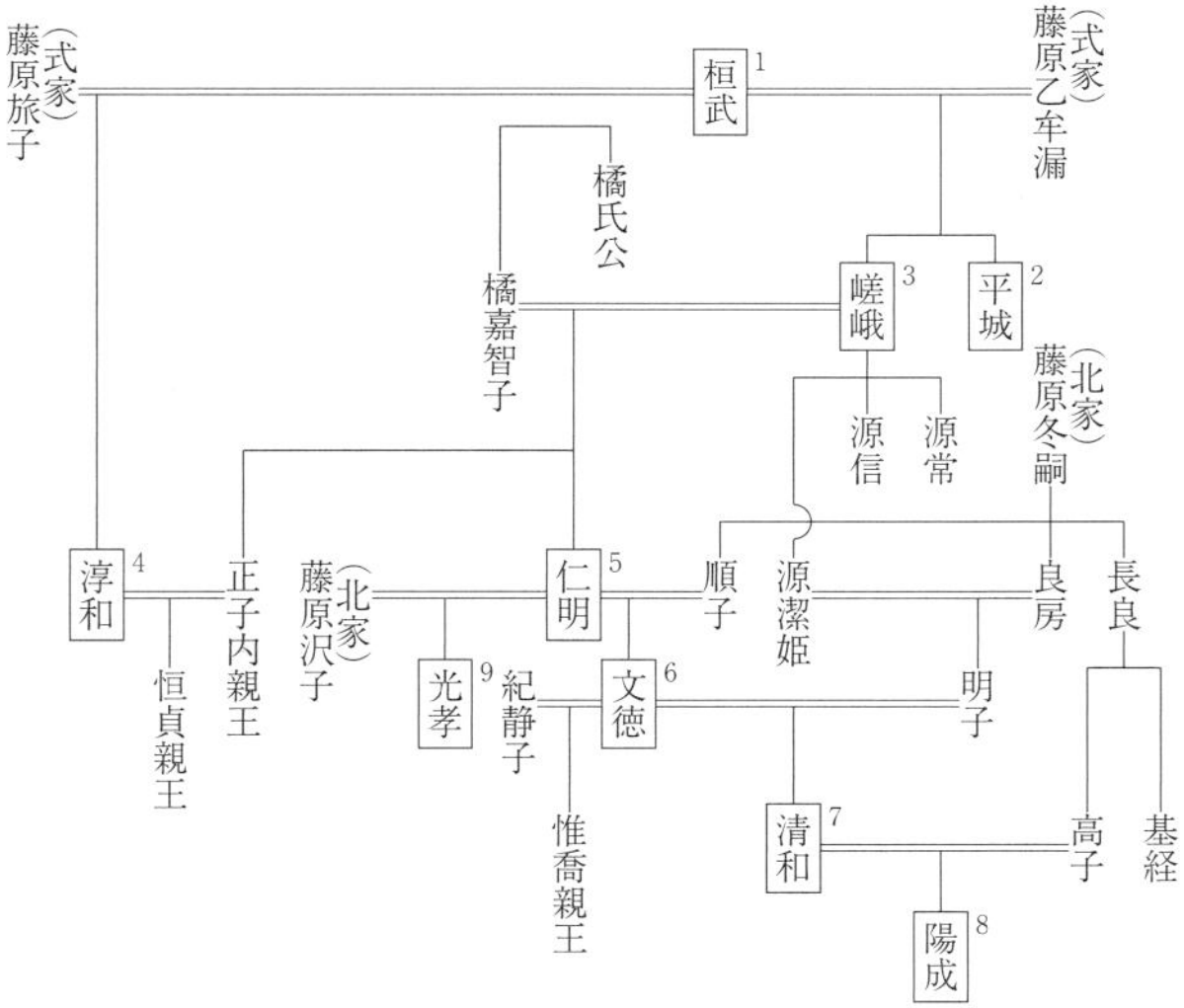

図 3-1　天皇家・藤原氏系図

族としての優劣関係からすれば、惟仁親王が絶対的に有利であった。結局、惟仁親王が生後八カ月で皇太子に選ばれ、惟喬親王は出家することになった。

　文徳天皇が長命であれば、惟仁親王も一五歳ほどで元服を済ませ、これまでの天皇と変わらない成人天皇となるはずであった。ところが、文徳は、病弱であったらしく、天安《てんあん》二（八五八）年、わずか三二歳で亡くなってしまった。こうなれば、惟仁が即位するほかなく、ここにわずか九歳の清和天皇が誕生したのである。こうした幼少の天皇のことを幼帝と呼ぶ。以後、幼帝は日本の歴史上にしばしば現れるようになる。

図3-2　応天門炎上(上)と，それを見つめる人々(下)(『伴大納言絵巻』より)

応天門の変

幼帝が出現してしばらく経った貞観八(八六六)年閏三月、応天門が何者かによって放火され、炎上するという事件が起きた(図3―2)。応天門とは、平安宮大内裏の朝堂院に通じるための正門であった(二一六頁参照)。はじめ、大納言伴善男《よしお》と右大臣藤原良相《よしみ》は、左大臣源信を犯人だとして訴えた。ところが、本当の犯人は善男の息子中庸《なかつね》だとする大《おお》宅鷹取《やけのたかとり》という者が現れた。善男は無実を主張したが、彼の家司《けいし》の生江恒山《いくえのつねやま》らが尋問され、結局、善男父子が真犯人であると自白した。当時の尋問はほとんど拷問であり、多くの場合、尋問する側に有利な証言をすることになったという。その結果、善男や紀夏井《なつい》の犯行だと断定され、彼らは配流となった。この事件とともに、大化前代からの名族である(大)伴氏は最終的に没落した。

事件の真相はよくわからない。だが、この事件でもっとも得をしたのは太政大臣藤原良房である。良房は事件が起きると、天皇から「天下の政《まつりごと》を摂行《せつぎょう》せよ」と命じられた。これを摂政のはじまりと解する見解もあるが、この件については、あくまで事件の解決を命じた命令であろう。ともあれ事件の解決には、良房の意思が十分反映したはずである。善男の配流はもとより、この事件の後、能吏であった良相は辞職し翌年亡くなった。源信も出仕しなくなった。さらに、翌年には、良房の義理の娘（良房の兄長良《ながら》の娘）高子《たかいこ》が清和天皇のもとに入内し、後に貞明《さだあきら》親王（後の陽成《ようぜい》天皇）を生むことになる。こうしてみると、すべては良房が仕組んだ事件であったと考えることも十分可能であろう。

天皇の機関化

飛鳥時代以前において天皇（大王）は、自ら甲冑を着て戦闘を陣頭指揮したという記録が多々あり、例えば五世紀に遡れば、「倭《わ》王武《おうぶ》（雄略《ゆうりゃく》天皇）の上表文」にそのことが書かれていることはよく知られている。即位以前とはいえ、大海人《おおしあま》皇子（後の天武天皇）も壬申《じんしん》の乱の際、先頭に立って兵士を指揮したこともあった。

また、戦闘に加わらなくなってからも、天皇には、臣下から上奏された重要な案件をみずから判断する能力が求められた。そのためには、即位する年齢も元服を済ませてから（一五歳前後）というのが普通であった。

それではなぜここで、幼帝が出現したのであろうか。もちろん、それには文徳の早すぎる死という偶然もかかわっているが、それ以外にも原因が考えられる。それは一言でいえば政権基盤の安定化である。藤原良房は応天門の変で(大)伴氏などのライバルを押さえ込み、惟仁親王が即位する前年には、太政大臣に任じられており、すでに親王の後盾として大きな力を持っていたのだった。また、第二章で述べたように、仁明―文徳と父子相続が実現し、皇位継承が安定していたことも大きかっただろう。しかも、惟喬親王が仏門に入った今、惟仁親王即位を脅かすことができる人物は誰もいなかった。

こうした状況をみると、もはや天皇個人の能力や資質はあまり問題とされなくなっていたことがわかる。つまり、天皇の血統を引き、しかるべき地位にいれば、基本的に誰でも天皇になることができるようになったと言い換えることもできる。ある意味で、天皇の「機関化」といっても差し支えない。以後、日本史上には一〇歳前後で即位する天皇も珍しくなくなり、一二世紀後半には、わずか二歳で即位した六条天皇まで出現することになる。

幼帝と天皇制

また、幼帝の出現は女帝の存在と排他的関係にあったことも押さえておかなければならない。女帝をめぐっては、男帝に適任者がいない場合の「中継ぎ」なのか否かをめぐって多くの議論がある。筆者は基本的に「中継ぎ」を認める立場にあるが、幼帝が出現可能となれば、それだけ女帝の出番はなくなるといえる。

時代を遡るが、慶雲《けいうん》四(七〇七)年、文武天皇が早世した際、当時七歳であった文武の子首《おびと》皇子(後の聖武《しょうむ》天皇)は即位せず(できず)、文武の母阿閇《あべ》皇女(元明《げんめい》天皇)が即位した。さらに、元明の後には文武の姉氷高《ひだか》内親王(元正《げんしょう》天皇)が即位し、その後、首は二四歳でようやく即位できた。歴史に「もし」は禁物だが、もしこれが九世紀半ば以降のことであれば、首が七歳にして即位することも十分あり得たということになる。これほどまでに、天皇の位置づけは奈良時代と大きく移り変わっていたのであった。

ちなみに、唯一、惟仁の即位に対抗し得ることができたのは、嵯峨天皇の娘正子内親王(仁明天皇の同母妹)であったが、承和の変で廃太子となった恒貞の母であり、その可能性はほとんどなかったであろう。奈良時代末期の称徳《しょうとく》天皇(孝謙《こうけん》天皇の重祚《ちょうそ》)以来、近世まで女帝は出現しないが、その背後には、幼帝の出現も大きく関係していたと思われる。

もう一つ、幼帝の成立はそれ以後の天皇の性格付けにも大きな影響を与えた。日本の民俗的信仰によれば、子供は神、もしくは神の使者として扱われる。祭礼において稚児舞《ちごまい》がしばしばみられるのは、神の依代《よりしろ》なのである。したがって、幼帝には、神聖・無垢、そして政治的に中立というイメージが付与され、引いては、天皇自体にも聖性がそれまで以上に付け加わったと考えられる。

従来、幼帝にはあまり関心が払われていない。しかし、幼帝の出現は、結果として天皇制を大きく変質させたということができるだろう。

前項で、幼帝の出現の背景には、政治の安定があったと述べたが、その点からみて、摂政の出現には大きな意味がある。摂政とは、幼い天皇に代わって「政を摂《と》る」、つまり天皇を補佐し、代わって政治を執り行うとの意味である。史実か否かは問題があるが、『日本書紀』には、古く聖徳太子(厩戸皇子)が推古天皇の摂政であったとの記述がみえる。この場合は、皇親が成人した天皇に代わって政務を行うもので、平安時代の摂政とは根本的に異なる。

藤原良房と摂政

ところが、摂政の出現時期についてははっきりしていない。先述のように、貞観八(八六六)年に起きた応天門の変の事後処理の際、藤原良房に「天下の政を摂行せよ」との勅が下されているところから、これをもって摂政のはじまりとみる見解もある。一方、この勅は事件処理に対する一時的なもので、天安二(八五八)年、清和の即位とともに良房が摂政についたとする見解もある。確実なことは、摂政は幼帝の出現とともに現れたという事実である。そこで注目されるのは、貞観一八(八七六)年、清和天皇が陽成天皇に譲位する際、藤原基経を摂政に任命したが、その際「忠仁公《ちゅうにん》(良房)が朕(清和)を補佐したように新帝に対しても仕えよ」と命じていることである。おそらく、清和即位時の良房の立場が先例となり、摂政が成立したのであろう。

もっとも、陽成天皇の摂政であった藤原基経以後、おおむね天皇の元服とともに、その職を辞するのが通例となった。しかし、良房の場合は、清和が元服した際(貞観六年正月)に辞意を伝えたが、清和が許可しなかったらしい。したがって、通常言われるような摂政が生まれたのは、陽成天皇以降ということになろう。

ただし、摂政が天皇の職務をすべて代行できたわけではなかった。代行することができたのは、政務など行政面のみであり、神事や元日朝賀などの重要な儀礼には、たとえ幼帝であっても、みずから出席し、天皇としての責務を果たさなければならなかった。このことは幼帝といえども、国政すべての総覧者としての地位に立っていたことをいみじくも示している。そういう意味では、摂関政治によって、天皇の権能が藤原氏に奪われたとか、天皇が蔑《ないがし》ろにされたなどということはない。一〇世紀以降、摂政や関白が常置されるようになるが、こうした九世紀後半の政治システムは、その先例・規範として位置づけることができる。

関白の出現

関白とは、もともと政務に「関《あず》かり白《もう》す」ことを意味したが、それが役職となり、成人した天皇に代わって、すべての政務を取り仕切る職能の意味になった。その起源はどこに求められるのだろうか。

貞観一八(八七六)年、清和が譲位した後に即位したのは陽成天皇であった。しかし、次章で述べるように素行に問題があり、良房の養子であった基経によって、退位させられた。その後を襲ったのが光孝《こうこう》天皇である。彼は仁明天皇の子であり、普通ならば即位できる立場になかったために、即位に大きな力を及ぼした基経に対して、強い恩義を感じていたらしい。しかも、基経は、すでに元慶《がんぎょう》四(八八〇)年に太政大臣になっていたから、律令制の枠組みのなかでは、これ以上の厚遇を与えることは困難であった。

そこで、元慶八年六月、基経に対して、「今日から太政官にあってすべての政務を統括し、朕(光孝天皇)を補弼《ほひつ》し、百官を統率せよ。天皇への奏上や命令の下達の際には、必ず基経に諮るように」との勅命を下したのである。

この勅の中には、「関白」という言葉はみられないものの、光孝から位を引き継いだ宇多《うだ》天皇は、仁和《にんな》三(八八七)年一一月、「大きいことも小さいことも、すべて太政大臣(基経)に関かり白し、その後に奏上や下達を行え。そのことは旧事のようにするように」との詔を下した。

問題は「旧事」とは何かということである。いろいろ考えられるが、やはり、父光孝が基経に対して下した元慶八年の勅のことであろう。おそらく、関白の職掌(内覧《ないらん》といい、天皇に先だって文書をみる関白のもっとも重要な職務)は光孝の時に、そしてその名称は宇多天皇の時に規定されたのだと思われる。

これ以降、多くの場合、天皇が元服する前までは摂政、元服後には関白が設けられるようになった。ただし、摂政の項で述べたのと同じく、関白もあくまで政務の上で天皇の代行を行ったのであって、天皇には祭祀・儀式など、代替え不可能で固有の職務があった。また、関白も天皇によって指名されるのであり、天皇を抜きにしては存在することはできなかったのである。

2 政治としての宮中儀式

大極殿から内裏へ

それではここで政務がどのように執り行われていたのか、確かめておくことにしよう。平城京遷都一三〇〇年を期して、二〇一〇年、奈良市にある平城宮跡に大極殿が復元された。そもそも大極殿とは何のための建物なのだろうか。それを知るには、古代の政務について知る必要がある。

日本古代では、中国に範を求めた大極殿とその南に広がる太政官院(朝堂院)で、政務が行われた。これを朝政という。当時の政務は夜明けとともにはじまり、だいたい昼頃には終わっていたためこの名称がある。その最古の形は、大化改新直後に孝徳《こうとく》天皇によって遷都された難波《なにわ》長柄豊碕宮《ながらとよさきのみや》(前期難波宮とも、現大阪市)にみることができる。

諸国や諸司で発生した案件は、それぞれの決裁区分に従って上申・処理された。この点は現在の会社や役所と同じである。当然、重要案件は、国政の場に持ち込まれることになる。その処理を行った場所が朝堂院と大極殿であった(図3-3、4)。

もともと平城宮では、毎朝、諸司の官人たちは朝堂院にある東第五堂(平安宮では暉章堂《きしょう》に相当)に案件を持って赴き、弁官《べんかん》に報告した。弁官とは太政官の一員で、大・中・少の別があり、

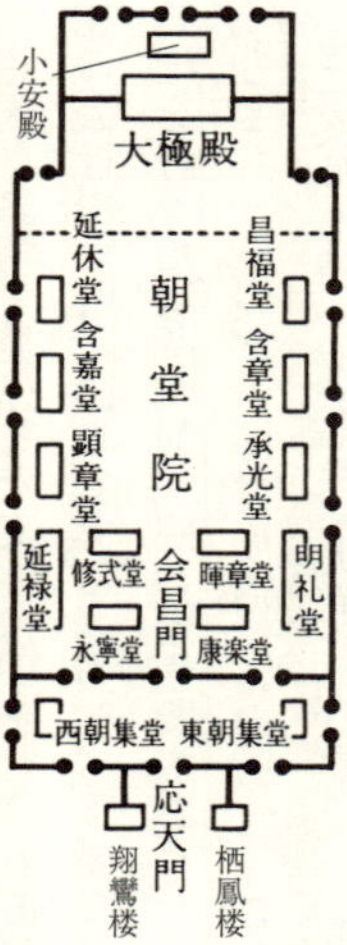

図 3-4　平安宮大極殿・朝堂院配置図

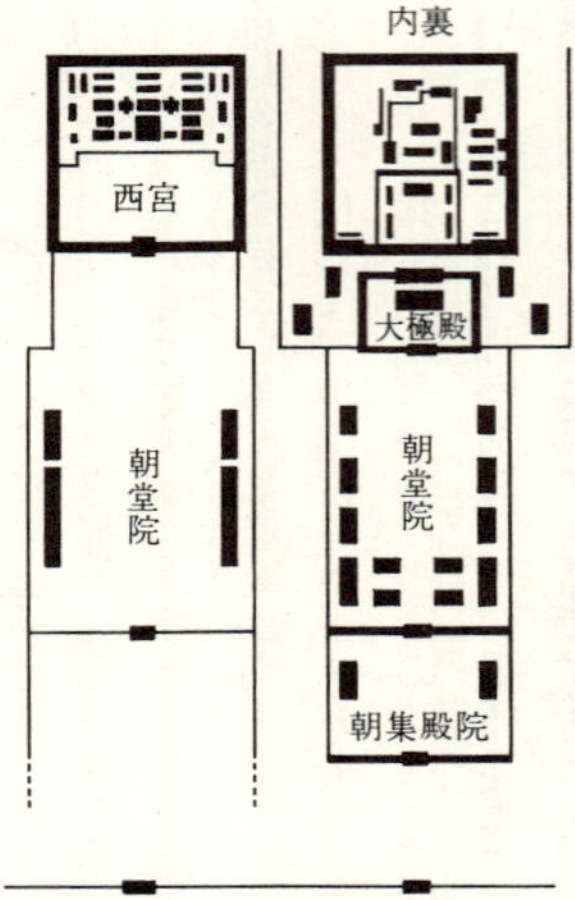

図 3-3　平城宮(後期)内裏・大極殿・朝堂院配置図

政務処理全般を取り仕切った官人である。弁官で決裁がおりることもあるが、案件によって弁官で決裁できないとなると、文書を調えさせ、それを携えて東第二堂(含章《がんしょう》堂に相当)に行き、大納言(令外官《りょうげのかん》の中納言・参議を含む)に判断を仰いだ。ここでも決裁できない案件の場合には、東第一堂(昌福《しょうふく》堂に相当)に出向いて右大臣・左大臣に決裁を求め、さらに重要な案件の場合には、大極殿で天皇の勅断に委ねた。現在でも、起案や稟議《りんぎ》書には、決裁区分の欄があるが、ほぼ同様の作業がなされていたとみてよい。唯一、異なるのは最終判断を天皇に求めたことである(形式的にみれば大日本帝国憲法と同じ)。

ただし、その裁断の場に関しては現在と大きく異なる点もある。それは儀式空間としての大極殿・朝堂院の存在である。官人たちは決められた日に、朝堂院に囲まれた広大な庭に参集し、代読される天皇の言葉を聞いた。ちなみにこの庭のことを「朝庭」といい、転じて王権そのものを指し示すようになったのである。もう少し詳しく言えば、それぞれの官人は、立ち位置を示す「版位《へんに》」とよばれる目印に立ち、拝礼を行って天皇の言葉が代読されるのを聞いたのである。おそらく、天皇自身の姿は翳《さしば》(長い柄の付いた団扇のようなもの)に遮られ、直接見ることは困難であったであろう。もっと具体的なイメージを持ちたい方は、中国清《しん》朝最後の皇帝溥儀《ふぎ》を描いた映画「ラストエンペラー」の紫禁《しきん》城での冒頭シーンを御覧になるとよいかと思う。

ところが、大極殿・朝堂院は、次第に日常の政務に用いられなくなり、儀式や儀礼を行うハレの空間に変化し、代わって政務は内裏で行われるようになった。内裏には、南殿(後の紫宸《ししん》殿、図3-5)や寝殿(後の仁寿《じじゅう》殿)をはじめとする多くの殿舎があり、キサキなども居住する、本来天皇が生活するプライベート空間であった(図3-6)。

このように変化する時期についてはよくわかっていないが、延暦一一(七九二)年、公卿は朝堂への出仕だけでなく、内裏への出仕も含めて、上日《じょうじつ》(勤務日数)に数えることが許されている。長岡京に都が置かれた時代には、すでに公卿たちは朝堂院にいたのでは政務に差し障りが生じたため、日ごろから内裏に伺候するようになっていたと推測される。

このように政務の場所が変化した理由はいくつか考えられる。そのもっとも大きな理由は、天皇が大極殿に出御せず、内裏に留まるようになったことである。第一章で、長岡宮の第一次

図 3-5　現在の紫宸殿

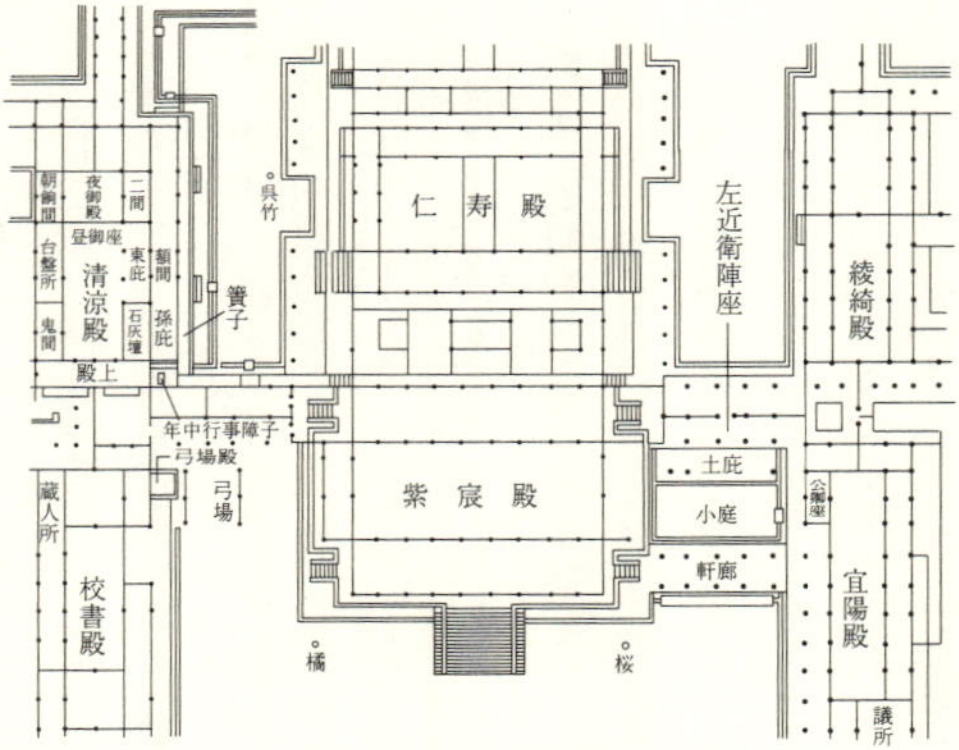

図 3-6　平安宮内裏の中枢部（紫宸殿・仁寿殿・陣座）

内裏（西宮）段階で、内裏と大極殿・朝堂院が分離した可能性があることを指摘した。もしこれが史実と認められれば、長岡宮での両者の分離が天皇の内裏常駐化に拍車をかけた可能性がある。

また、官人にとっても、夏や冬、また風雨時など厳しい気候のなかでは、広大な朝堂院で勤務するよりも、殿舎に囲まれかつ小規模な内裏の方が勤務しやすかったと思われる（大極殿・朝堂院がどれほど広大であったのかという点は、現在、実際に平城宮跡で体験できる）。

第二の理由は中国の影響である。実はこうした政務空間の変化が起こったのは、日本だけではなかった。中国唐でも政務の場が、八世紀はじめの頃から、長安城北中央の太極宮から長安城の東北にある大明宮(もともとは皇帝のプライベート空間)にあった紫宸殿に、そして八世紀後半には紫宸殿の西にある延英殿《えんえい》に移ったことが明らかになってきた。唐でも政務の場がしだいに皇帝の私的空間に移ってきたらしいのである。唐での政務空間の変化は、遣唐使によって日本に伝えられ、模倣された可能性がある。

新しい政務の出現

政務の場所が変化するに連れて、今度は政務の形態も変化してきた。先に内裏が政務の場所となってきたと指摘したが、それさえも次第に行われなくなった。承和年間には、仁明天皇は、毎日紫宸殿で政務報告を聞いたが、文徳天皇は病弱もあって、あまり紫宸殿に出御しなくなったという。

その後、毎月、一日・一一日・一六日・二一日に、天皇が紫宸殿に出て政務を聞く旬政《しゅんせい》が現れたが、これも時間の経過とともに行われなくなり、一〇世紀頃には、四月朔日《さく》(一日)と一〇月朔日、すなわち二孟《にもう》の朔《さく》のみ形式的に行われるようになった。

全体的に見れば、幼帝そして摂政・関白の出現もあって、天皇は直接政務(儀式は除く)にかかわらなくなったのである。天慶《てんぎょう》の乱など緊急事態が起きた際には、ごくまれに天皇の眼前で会議(御前《ごぜん》会議)が開かれたこともあったが、天皇が政務に直接関与しない傾向は、院政期まで続くことになる。

日々の政務は、議政官（後の公卿。左大臣・右大臣・大納言、令外の官として中納言・参議）を筆頭とする太政官が中心となって行っていた。当時の太政官の政務には「政《せい》」と「定《さだめ》」の二つの系統があり、「政」とは律令制下の朝政に代表されるように、臣下から政務の報告を受け決裁を与えることで、「定」とは、議政官が集まってとくに重要案件について合議を行うことである。その結果は、いずれも天皇もしくは摂政に報告された。

平安宮には、大極殿・朝堂院の東側に太政官曹司庁（弁官曹司）があった（二七頁、図1－6）。ここはもともと弁官が控える場所であったが、大極殿での朝政が行われなくなると、諸司・諸国が申上した案件を弁官が受け付け、さらに議政官に取り次ぐようになった。朝堂院での弁官と大臣の政務が縮小されながらもこの政務に引き継がれたのである。これを公卿聴政、あるいは官政という。

しかし、さらに議政官が日常的に内裏に伺候するようになると、太政官曹司庁よりもさらに内裏に近い太政官候庁（外記庁《げきちょう》ともいい、もともとは外記の詰め所）で、弁官は、諸司・諸国からの上申事案を受け付け、議政官に取り次ぐようになった。これを外記政《げきせい》という。公卿聴政の略儀として、弘仁一三（八二二）年に成立したとする見解もあるが、さらに遡らせる見解もある。外記は、太政官の一員として文書行政に携わる傍ら、職務として日記（『外記日記』）を付け、文書を保管したから、先例が重視されるようになると、先例を調べるのに外記庁が便利になったために、官政の略儀として、政務の場がここに移ったのであろう。

こうして外記政が終わると、議政官たちは、太政官候庁のすぐ南にある侍従所《じじゅうしょ》(南所)に場所を変えて食事を摂った。その後、この場所でも議政官は南所申文《なんじょもうしぶみ》と呼ばれる聴政を行った。しかし、この外記政も九世紀後半以降、次第に開かれなくなった。外記政と南所申文は連動していたから、必然的に南所申文も行われなくなったらしい。こうなると、南所申文に代わって、外記政と連動せず、近衛府の陣座《じんのざ》で開かれる陣申文が開かれるようになった。

政務の具体的なようすを知ることは困難であるが、要するに上申と決裁の場が、天皇の居所であった内裏に近づくとみれば考えやすい。このことは、政務の効率化であると同時に、矮小化とみることもできよう。

陣定の出現

それでは、外記政が衰えた後、国家の基本的案件はどのように処理されるようになったのであろうか。それは陣定《じんのさだめ》と呼ばれる合議であった。その出現経緯についてはよくわかっていないが、元慶年間(八七七~八八五)頃から史料上に現れるようになり、摂関期には地方統制や対外関係など、重要事項の審議を行い中世まで続いて行く。

名称の由来は、それが左近衛陣座で行われたからで(図3-6参照)、この場所は仗座《じょうざ》とも称されたため、「仗議《じょうぎ》」と呼ばれることもある。この場所は、もともと官人たちの控えの場として使用されたらしく、貴族たちに酒が振る舞われたりもする便利な場であった。また、屋外にも面していたため、参考人を呼び寄せるのにも適していた。

参加者は、参議以上(左大臣・右大臣、大納言・中納言、参議)の議政官で、その内の一人が進行役(上卿《しょうけい》)となる。参加者が着座すると、案件に関する文書を回覧させ、参議で大弁を兼ねる公卿が読み上げる。ついで、身分が低い者から順に意見を述べ、先の参議が議政官ごとに意見を「定文《さだめぶみ》」に書き留めた。意見は必ずしも一致させる必要はなく、最終的には天皇に奏上され決裁を受けた。

陣定の位置づけをめぐっては、天皇が出御しないで開催されるところから、公卿の自立的会議体として重視する見解がある一方、事前に議政官たちには根回しされており、形式的な合議に過ぎないとの見解もある。

本書では、天皇が出御しない政務である点に逆に注目しておきたい。陣定が行われた時期でも、大きな事件、たとえば平将門《たいらのまさかど》の乱や藤原純友《すみとも》の乱が起きた際には、天皇の眼前で御前会議が行われたことが知られている。また、先に示したように、重要な神事や儀式の際には、たとえ幼帝であっても儀式に参列したことも諸史料にみえる。つまり、陣定で扱われる案件が重要であったといっても、おおむね通常業務の範囲内であり、非常事態にあっては御前会議が召集されたのである。また、陣定では、ケガレ・物忌《ものいみ》・病気などと称して欠席する公卿も少なくなく、流会になる場合もまま見られる。同時期の中国では、数日に一回程度の割合で、皇帝と宰相が相まみえて討論する会議が持たれていたことに比べれば、最終決定が天皇であるといっても、陣定は略儀であったと言えるだろう。

したがって、寺社どうし、あるいは寺社と王権の対立が激化する院政期には、詮議《せんぎ》と呼ばれる御前会議が復活する。おそらく、摂関期までの日本の王権では、対外関係など王権の存続事態にかかわる深刻な事態があまり起きなかったことが、陣定という天皇抜きの合議制を長らえさせた大きな要因であろう。

3　大地動乱と社会不安

地震と洪水

現代でも同じであるが、人類にとって地震や火山の噴火といった自然災害は大きな脅威である。それは平安時代においても変わらなかった。いや、科学的知識が貧しい時代にあってはなおさら恐ろしい現象と人々の眼に映ったに違いない。

従来、こうした災害については、文献史料からうかがうしか術がなかったが、最近の考古学的発掘調査から次第にその実像が明らかになってきた。

例えば、弘仁九(八一八)年に坂東諸国に激震が走ったことが記録にみえる(『類聚国史』)。坂東諸国では、山崩れが起き、それに巻き込まれて亡くなった人は数えきれないほどであったとの

図3-7　(上)地割れにより床面が落ち込んだ住居跡(群馬県・小沢遺跡)／(下)地層の亀裂に残る噴砂の跡．すぐ近くに陥没と液状化の跡も見受けられる(群馬県・今井白山遺跡)

報告であった。震源は、上野・下野・武蔵国の国境付近と推定され、典型的な内陸型地震であった。その被害のようすは、上野国との国境付近でもっとも激しく、「水潦《すいりょう》相仍《あいつ》ぎ」というから、河川が崩落した土砂で塞がれた結果、現在の言葉でいう「土砂ダム」が形成され、その決壊により大きな災害に見舞われたと推測される。

現に、群馬県の赤城山麓では、この時に発生した泥流によって飲み込まれた村落跡や田畠、土砂崩れの後などが、複数の箇所から確認されている。また、群馬県や埼玉県北部の集落跡などからは、地震による地割れや液状化現象によって生じた噴砂が確認されており(図3－7)、この地震の被害状況を実際に知ることができる。

しかも、弘仁年間は、干害や疫病などによる自然災害も多発した時期で、宝亀五(七七四)年から弘仁二(八一一)年まで、三八年間も続いたエミシ征討政策による疲弊(第一章)の余韻もさめやらぬ時期であった。こうした人災・天災が複合して起こることにより、東国の民衆には多大な生活苦がもたらされたに違いない。

また、近年のプレート・テクトニクス研究および地震研究によって日本列島を周期的に襲う巨大地震の存在が明らかになってきた。そして、こうした原因で起きる大地震の周期を、過去の記録から探ることで、地震予知に活かす試みもよく知られているところである。

二〇一一年三月に起きた東日本大震災との関連で注目されている地震として、貞観一一(八六九)年五月に東北地方で起きた大地震がある。陸奥国からの報告によると、大地震が発生すると、人々は泣き叫び立っていられず、建物が倒れて圧死する人、地が裂け生き埋めになる人があり、城郭・倉庫・門・塀なども倒壊した。海は雷のような轟音を立てて沸き上がり、「城下」に押し寄せ、皆海底となった。船に乗ったり山に登る暇もなく千人ほどが溺死したという。もし「城」を多賀城(現宮城県多賀城市)とみて差し支えなければ、今回の津波の規模とそれほど違わないことになる。今後のさらなる研究が待たれる。

大地震と光孝天皇の死

もう一つの例は、東南海地震、もしくは南海地震(あるいは両方)と推測されているものである。仁和三(八八七)年七月三〇日、その一カ月ほど前から前震が続いていたが、午後三時頃大地震が発生した。都では官衙《かんが》や民家が倒壊し、多くの人々が圧死した。畿内でも同様の被害が報告され、とくに被害の大きかった摂津国では巨大な津波が押し寄せ、溺死する者も多かった。その後も余震が二〇日以上も続き、虫や鳥に異常な行動がみられ、奇妙な噂話も囁かれたという。

さらに、大地震に追い打ちをかける災害も発生した。余震も続く翌八月二〇日には、今度は大きな風雨が都を襲った。時期からみて台風だろう。これにより多くの建物が潰され、鴨川が氾濫し、再び多くの死者が出た。巨大地震と台風、その被害の大きさは想像を絶するほどであっただろう。

この直後に光孝天皇は亡くなった。そして、彼の死と二つの災害には関連があった可能性がある。というのは、天皇は、七月二七日まで三日連続で相撲《すまい》を見ていたことからすれば、この時点で健康を害していたようにはみえない。しかし、台風が襲った二日後の八月二二日に、藤原基経たち公卿が皇太子を立てることを請うているところからすれば、この時点ではすでにかなり健康状態が悪化していたと考えられる。そして、二五日に源定省《さだみ》(後の宇多《うだ》天皇)を皇太子にすることに決し、翌日立太子した直後に光孝天皇は亡くなった。光孝は、一カ月足らずで急激に病に冒され死亡したと考えられるのである。

古代においては、天変地異は天皇の政治が悪いために起きると考えられていたから(天命思想)、この二つの災害が光孝の身に重大な影響を与えた可能性が考えられよう。後述のように、光孝は自分の子供に皇位を継がせる意思はなかったらしい(第四章)。してみると、光孝の健康が急に悪化したために、源定省に白羽の矢が立ったのであり、もし、光孝が今しばらく存命であったならば、別の人物が皇位を継承した可能性もあろう。宇多天皇の歴史上の画期性を考慮すれば、仁和三年の二つの災害は、以後の歴史に大きな影響を与えたのではなかろうか。

火山の爆発

もう一つの自然災害は、火山の噴火である。環太平洋火山帯に属する日本では、これも地震とともに、しばしば遭遇した災害であった。ここでは、富士山の噴火を取り上げてみよう。

すでに『万葉集』には、「吾妹子《わぎもこ》に　逢うよしをなみ　駿河《するが》なる　富士《ふじ》の高嶺《たかね》の　燃えつつかあらむ」(巻一一、二六九五番)などと富士山の噴煙が詠み込まれている。養老年間頃の長歌にも、「燃ゆる火を　雪もて消ち　降る雪を　火もて消ちつつ」と詠まれている(巻三、三一九番)。

また、天応元(七八一)年七月にも、火山灰が降ったことが報告されている。

そうしたなかで、激しい噴火は、延暦一九(八〇〇)年から同二一年にかけて、そして貞観六(八六四)年に起きた。前者では、噴煙によって昼も暗くなり、火山灰が雨のように降り、駿河国と相模国を結んでいた足柄路《あしがらじ》が埋没したため、新たに箱根路が開かれたという。

もっと激しかったのが後者である。五月末の駿河国の報告によれば、富士山の北西斜面(現在の長尾山付近)から噴火し、膨大な量の溶岩が山野を焼き尽くしながら流れ下り、本栖湖《もとす》に達した。また、七月中頃の甲斐《かい》国からの報告には、溶岩流は本栖湖と「剗《せ》の海」(西湖・精進湖のもととなった湖)を埋め、湖水は沸騰し、魚は死滅した。さらに人家も呑み込まれ、家屋は残っても一家が死に絶えた家も数えきれないほどであったとある。火砕流の発生であろうか。翌年には、千町にわたって「剗の海」をさらに溶岩が埋め立てたという報告もあった。

現在、富士五湖といえばレジャーのメッカであるが、この「貞観の大噴火」によって、精進《しょうじ》湖と西湖《さい》が形成された。また、この溶岩流は「青木ヶ原溶岩流」と呼ばれ、その後植物が生育したため一般的には「青木ヶ原樹海」として知られている。現在でも西湖の湖畔には、この時の溶岩流が顔をのぞかせている。

また、火山灰によって埋没した遺跡も知られるようになってきた。延喜一五(九一五)年に青森県十和田火山が大噴火を起こし、火山灰による泥流によって埋没した家屋が胡桃館《くるみだて》遺跡(秋田県北秋田市)から検出されている。一方、眼を南に転じると、貞観一六(八七四)年に噴火を起こした開聞岳《かいもんだけ》の火山灰に埋め尽くされた橋牟礼川《はしむれがわ》遺跡(鹿児島県指宿《いぶすき》市)があり、住居跡や畠の畝《うね》などが数多く発掘されている。

こうした遺跡は、いわば「日本のポンペイ」とも言うべきものであり、日本列島の人々が古くから自然災害と闘ってきたことを何より雄弁に物語っている。

疫病と社会

地震や火山の噴火のほかに、疫病もまた恐れられた。そのなかで、とくに悲惨を極めたのは疱瘡《ほうそう》(天然痘、赤斑瘡《あかもがさ》とも)である。天平九(七三七)年には、藤原四兄弟が相次いで亡くなったことはよく知られている。本書の範囲で言えば、弘仁五(八一四)年、仁《にん》寿《じゅ》三(八五三)年、元慶三(八七九)年、延喜一五(九一五)年、天暦《てんりゃく》元(九四七)年、天延《てんえん》二(九七四)年に大流行したことがわかっている(『類聚符宣抄《るいじゅうふせんしょう》』第三)。それ以外にも咳病(インフルエンザか)や麻疹・消化器系の伝染病がしばしば蔓延したことが知られている。

その後の時代になるが、例えば、長徳《ちょうとく》元(九九五)年には、赤斑瘡によって、公卿八人が相次いで亡くなり、その中には、藤原兼家《かねいえ》の子藤原道隆《みちたか》(長男)や道兼《みちかね》(三男)が含まれており(道隆は疫病ではない可能性もある)、いささか逆説的に言えば、四男の道長《みちなが》が政治の表舞台に躍り出て、栄華を極めることができたのはこの疫病のお陰であったとも言える。

この時の被害は凄まじかったらしく、起点となった大宰府では多くの死者のため死骸で道がふさがれたと言い、都でも死体は道に溢れ、烏や犬でさえも死体を食べるのに飽き、骸骨で道が塞がったという(『本朝世紀』)。

こうした疫病は、疫神によってもたらされると、当時の人々は信じていた。疫神は、人間と同じように平安京の道々を往来するため、「公卿以下庶民に至るまで門戸を閉ざして往還せず」(『日本紀略』正暦五年六月条)というように、忌み籠もる生活を送っていた。

当時の対処策としては、お粥などの消化のよい食べ物やネギ類・ニラなどの奨励や冷水の禁止など若干の医学的知識も用いられたが(『類聚符宣抄』第三)、基本的には寺社への奉幣や読経

図3–8　祇園御霊会のようす（『年中行事絵巻』より）

などが主体であった。そして、一〇世紀にはその神社のなかに、祇園《ぎおん》社や西《さい》寺御霊《ごりょう》堂・上出雲《かみいずも》御霊堂が入っていることに着目したい。

当時の考えでは、こうした疫病は、政治的に恨みを呑んでなくなった人物の御霊（怨霊）の祟りが原因で、それらを手厚く祀れば防げると考えられていた。その早い例が、貞観五（八六三）年に神泉苑で開かれた御霊会である。そこで祀られたのは崇道天皇（早良親王）、藤原吉子・伊予親王母子、橘逸勢、文室宮田《ふんやのみやた》麻呂《まろ》（もと筑前国司で、承和八年、新羅人と結んで反乱を企てたとし流罪）らであった。多くが藤原氏が関与した何らかの政変や疑獄事件の犠牲者である。

この御霊会の記録によれば、近年、疫病が頻発して今年の春も咳逆《がいぎゃく》（インフルエンザか）が流行し、おびただしい死者が出ている。天下の人々は、御霊の仕業ではないかと考え、都から遠国に至るまで春から秋にかけて御霊会を行っており、政府が沈静化を祈願したところ、疫病も治まった。そこで、神に感謝するため、国家による御霊会を開くことにしたという。

御霊会では、僧侶による読経、歌舞・騎射《きしゃ》(馬に乗って矢を射る芸)・相撲などが演じられ、普段は民衆が入ることを許されなかった神泉苑もこの日ばかりは開放され、都市住民も大いに楽しんだと記録にはみえる。

しかし、御霊会には反国家的な要素もみることができる。先に触れたように、祀られた人々の多くは、藤原氏が絡んだ疑獄事件で処分された人々である。もし、藤原氏が疫病の原因をつくったと考えたならば、民衆の不満が国家に向かわないとも限らない。しかも貞観五年は、幼帝が即位間もない時期であった。こうした不満を解消するためにも、民衆を参加させた御霊会を盛大に催すことが必要であると、藤原良房をはじめとする権力者は考えたのではなかろうか。

こうした御霊会は、一〇世紀以後広がりをみせ、祇園社をはじめとする都の寺社で盛大に行われるようになった(図3－8)。中世、一時中止を経たものの、祇園祭として、現在までその一部が残っている。

第四章　成熟する平安王朝

1　宇多・醍醐の時代

仁明への回帰

仁明・文徳・清和・陽成と皇位は父子相続された。その結果、史上初めて幼帝が生まれたことからも明らかなように、政権の安定化がもたらされた。

ところが、突然、父子相続の原則は断たれることになる。その原因は陽成天皇にあった。先述のように、彼は清和天皇と藤原高子(藤原基経の同母妹)の間に嫡子として生まれ、貞観一一(八六九)年、わずか二歳で皇太子となった。清和は、貞観一八(八七六)年に退位したので、九歳で即位したことになる。

しかし、彼は素行が悪く、陽成の乳母の子である源益《まさる》を、突然、宮中で打ち殺すという事件を起こしてしまったらしい。「らしい」というのは、正史である『日本三代実録』が、「禁中のことは秘密で、外の者は知ることができない」ともったいぶった言い方をしているためであるが、裏返せば、正史が記述できないような天皇の行為があったことを示していよう。禁中で天皇が近臣を殺害するということ自体、前例のないできごとである。幼帝の出現は、逆に成人後の人格を予見できないという弊害をもたらしたのである。

陽成退位の表向きの理由は、陽成が病気がちで皇位に留まれないというものであったが、この事態に遭遇した陽成の叔父で、関白でもあった藤原基経を中心とする公卿たちは、因果を含めて陽成を退位させたと考えられる。このことにより、仁明から続いた直系相続は、予期せぬ理由で絶えてしまったことになる。問題は次の天皇を誰にするかであった。

まず、基経は、淳和天皇の子で、承和の変で廃太子となった恒貞親王に即位の意向を尋ねたが、すでに出家しているとの理由で断られた（『恒貞親王伝』）。また、信憑性にやや欠ける点はあるが、臣籍降下《しんせきこうか》（皇室の戸籍を離れ臣下に降ること）していたものの、嵯峨天皇の子である左大臣源融《とおる》は、「自らも即位の可能性があるのではないか」と言い出したが、問題とされなかったという（『大鏡』）。

こうしたなかで、白羽の矢が立ったのは仁明天皇の第三皇子時康《ときやす》親王であった。光孝天皇である。通常ならば、血統からみて彼が即位する可能性はほとんどなかったが、基経の推挙によって皇位に就いた。そこで、光孝は、感謝の意を込めて基経を関白に任命したのである（九七〜九八頁参照）。もう一つ、光孝のとった行動で注目したいのは、皇子をすべて臣籍降下させたことである。このことは、光孝が子供たちを次の皇位に就かせる意思がなかったことを意味する。すなわち、光孝自身、自分を中継ぎ天皇として意識していた可能性がある。「中継ぎ」というと、女性天皇を想起するが、第一章で触れた光仁天皇など、男性天皇でもあり得たことを強調しておきたい。

しかし、歴史は皮肉である。彼の皇統は以降も続いていく。歴史的結果としてみれば、光孝の登場によって、皇位は再び仁明の子へと回帰したことになる。つまり、中国とは状況がかなり異なるとはいえ、日本的な王朝交替、あるいは新王朝誕生がここで起こったとみることもできる。

藤原氏との対決

光孝天皇は、即位したとき五五歳という当時としては高齢であった。即位当時は、比較的健康であったが、仁和三(八八七)年八月、にわかに健康を害した。断定はできないが、その原因として、平安京を含む西日本を襲った巨大地震と台風が想定できることについては、前章で述べたとおりである。

八月二二日には、公卿が皇太子を立てることを光孝天皇に請い、二五日には、光孝は源定省《さだみ》(後の宇多天皇)を指名し、親王に復した。翌二六日、定省親王が立太子した直後、光孝は亡くなった。まさに綱渡りの皇位継承であった。このような拙速とも言える過程を経て即位した天皇は、今に至るまで一人もいない。

宇多即位に尽力したのは、当時、実の母のように定省をかわいがった尚侍《ないしのかみ》(女官の長)の藤原淑子で、兄の基経を説得したためと思われる。宇多は二一歳。しかも、母(班子)は直接藤原氏と血縁関係になかった。それまで、藤原氏を外戚とした天皇が続いていたが、宇多は、まったく異なった血統に位置する天皇であった。

そのため、宇多は即位後しばしば藤原氏と対立することになる。まず、はじめての対決は、即位早々に起きた。宇多は、父にならって、藤原基経を関白に任じるため、近臣であった橘広相《ひろみ》に勅書を起草させた。ところが、広相が基経を「阿衡《あこう》」に任じるという内容を勅に盛り込んだところから事件は起きた。阿衡とは、中国の殷《いん》王朝に仕えた伝説的名宰相の伊尹《いいん》が任命された官職であった。そのため基経と気脈を通じていた文人藤原佐世《すけよ》が、阿衡は具体的な官務のない閑職であると基経に意見し、彼もその意見に従って、政務をボイコットしはじめたのである。

広相としては、関白という言葉を中国の古典により言い換えたつもりであったのかも知れないが、基経に揚げ足を取られた恰好になった。その背景には複雑なものがあった。まず、広相は宇多天皇の近臣で、宇多に娘の義子を嫁がせ、男子（斉世《ときよ》親王）が生まれていた点が重要である。当時、藤原摂関家は、天皇に娘を輿入れし、子供を儲けること（外戚関係）で大きな権力を握ることが一般的であった。しかし、定省が皇位を継承することは想定外であったから、まだ、娘を嫁がせてはいなかった。もし、義子の子が即位すれば、広相は外戚となる。これは、藤原氏にとって脅威であった。

また、宇多は広相を「学士」と呼んでいたことも重要である。「学士」とは翰林《かんりん》学士のことで、中国では皇帝の諮問に与る直属の官職であった。宇多は、広相に翰林学士を重ね合わせ、藤原氏に対抗しようとしたのである。

ついで、学者同士の反目があった。九世紀には唐風文化に基づいて、中国に対する知識が豊富で漢詩文をうまく作れる人物が重用された。このような人々は、一般的に「文人貴族」と呼ばれるが、彼らの多くは派閥を形成し、主人と仰ぐ上流貴族も異にしていたから、お互い牽制しあっていた。具体的に言えば、藤原氏に近い藤原佐世・三善清行・大蔵善行《おおくらのよしゆき》らと、宇多天皇に近侍した橘広相・菅原道真らである。

阿衡事件の結果、宇多は心ならずも広相の非を認め、基経を新たに関白とした。そして、基経の娘である温子を入内させることで事態の収拾をはかったのであった。

しかし、宇多はこの事件で力を落とすことはなかった。彼の治世は、大きな時代の転換期となる。

近臣の躍進

まず宇多の事績のなかで重要なのは天皇の近臣の積極的位置づけである。律令制下にあっては位階・官職によって身分が位置づけられた。具体的に言えば、位階は少初位下から正一位まで三〇階に分かれ、それぞれに対応する官職が定められていた。これが官位相当制である。

ところが、平安時代初期頃から、近臣と呼ばれる人々が現れた。天皇は自己の近親者や気に入った人物を自分のまわりに置き、側近として取り立てたのである。律令制の原則では、近臣に特別に与える官職はなかった。しかし、しだいに実態にあわせて、近臣に関する制度やポストが構築されるようになった。

その一つが昇殿《しょうでん》制である。昇殿とは、内裏にある「殿上《てんじょう》の間《ま》」(図4－1)という場所に昇ることを天皇から許可されることをいう。平安時代の文学などにしばしばみられる「殿上人」とは、昇殿を許可された人々のことである。宇多朝以前から昇殿制は存在したが、宇多天皇は、それ以前と比べて人数を限定し、かつ、位階の低い者にも門戸を開いた。『寛平御遺誡《かんぴょうのごゆいかい》』(宇多が幼少の醍醐《だいご》に皇位を譲る際、天皇としての心構えを書き連ねたもの)では、蔵人《くろうど》(後述)を含めて二五人、六位まで含めれば三〇人に昇殿を許可するとしている。宇多は、選りすぐりの近臣のみに昇殿を許可したのである。逆に、近臣であっても、天皇の意向に反したり、機嫌を損ねたりすると、昇殿を止められることもあった。

図4-1　清涼殿「殿上の間」(京都御所).
手前に見えるのが日給簡

殿上の間には、日給簡《につきゅうのふだ》と呼ばれる木札があり、殿上人は、出勤すればそこに印をつけることになっていた。これは現代風にいえば出勤簿であり、本来勤務している官司の上日(勤務日数)と合計されるようになっていた。このことは、天皇への私的な奉仕が公的な性格を帯びるようになったことを意味する。

もう一つ、近臣として取り上げておきたいのは蔵人である。蔵人自体は、弘仁元(八一〇)年に起きた薬子の変の際、嵯峨天皇側の秘密保持のため、設けられたことはすでに述べたが、それ以降も存続した。それどころか、蔵人に任命されることは、官人としての出世にもきわめて有利となった。

蔵人制の変化

蔵人の特徴として、天皇の代替わりごとに任命し直されること(同一人が続ける場合でも、天皇が代わると改めて任命しなおされた)、単独の官職ではなく、律令官司に籍を置いた上で任命されたこと(例をあげれば左大弁という官職を持った上で、蔵人に任命される)があげられる。蔵人は天皇の側近としての性格が強く、藤原氏などの有力者ばかりでなく、琴や和歌など、諸芸に秀でた人物も任じられた。

ところが、この蔵人制は宇多朝で大きく変化した。宇多朝以前には、六位以下の官人が蔵人に任命され、五位になると蔵人を辞めることになっていたが、仁和四(八八八)年には五位蔵人がはじめて任命され(『職事補任《しきじぶにん》』)、寛平九(八九七)年には蔵人所に蔵人所別当も新たに置かれるようになった。五位蔵人の設置は阿衡事件の直後であり、近臣の整備とともに、藤原氏への対抗措置でもあったのだろう。

それではなぜ、宇多は近臣の整備をさらに押し進めたのであろうか。その答えは、彼の経歴にあると思われる。先に述べたように宇多は藤原氏との血縁が薄く、一度は、臣籍降下した経験を持っていた。したがって、もともと近臣が少なかったと思われる。それを克服するために、藤原氏との対決を念頭におきながら、自己への忠実な近臣を新たに編成しなければならなかったのではなかろうか。

歴史的にみれば、宇多朝の近臣の整備は大きな意味を持つことになる。一〇世紀以降、天皇との私的関係が「公」的性格をもつことになるが、宇多朝はその大きな画期となったのである。

醍醐天皇の即位

宇多天皇は、阿衡事件で藤原基経のために苦汁をなめたが、その基経も寛平三（八九一）年、突然亡くなってしまう。基経の子時平《ときひら》はまだ若く、宇多はのびのびと親政を展開することができた。その証拠に関白も置いていない。このまま宇多天皇が帝位にいたならば、まったく異なった一〇世紀が展開していたに違いない。

ところが、宇多はかなり早い時期から譲位を考えたらしく、しばしば菅原道真に相談していたが、彼に止められていたという（『寛平御遺誡』）。それでも、寛平九（八九七）年七月、ついに一三歳の敦仁《あつぎみ》親王が元服した日に、彼に譲位した。醍醐天皇の誕生である（図4－2）。基経亡き後、藤原氏からは時平ら少数の者しか公卿に列していない一方、源氏や平氏など天皇家と血縁関係にある人物が数多く公卿に任命されていた。藤原氏を排除するとの宇多の構想はなかば実現しかけていたにもかかわらず、譲位した理由は不明である。仏教信仰のため、あるいは禁忌

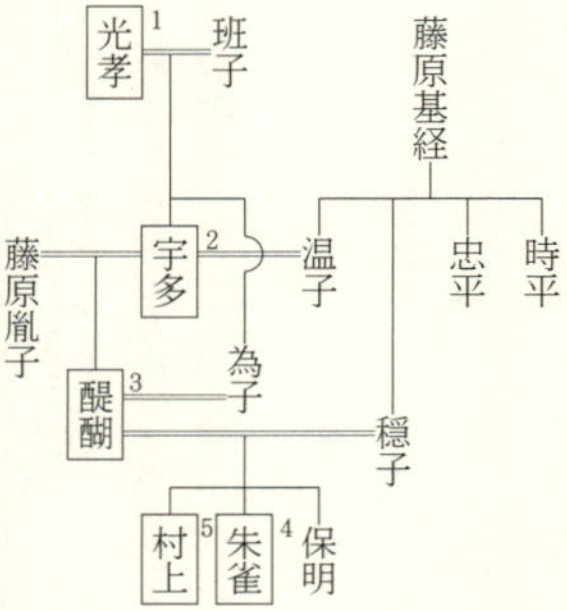

図 4-2　天皇家・藤原氏系図

に縛られた不自由な天皇の生活を嫌ったためなど、いろいろな説はあるが、真相はよくわかっていない。

　さて、醍醐天皇も他に有力な皇子がいたならば天皇になれる資格はなかった。母方に問題を抱えていたからである。醍醐の母は藤原胤子《いんし》。彼女の父は藤原高藤《たかふじ》であるが、妻は宇治郡司宮道《みやじ》氏の娘であった。ここに興味深いエピソードがある。高藤は元服した頃、狩りに出かけて突然の風雨に遭い、通りがかりの家に泊まることになった。そこに若い女性がいたので、一夜の添い寝(夜伽《よとぎ》)を命じ、生まれたのが胤子であったという(『今昔物語集』巻二二)。細かい部分はともかく、胤子が宮道氏の血を引いていることは事実であろう。また、高藤自身も、父藤原良門《よしかど》と西市正《にしのいちのかみ》(西市の長官)高田沙弥麻呂《しゃみまろ》の娘の間にできた子供であると伝えられている(『尊卑分脈《そんぴぶんみゃく》』)。

　しかし、宇多と温子(基経の娘)との間に子供は生まれず、義子(橘広相の娘)との間には、斉《とき》中《なか》・斉世親王が生まれていたが、阿衡事件がありこの時点での即位は憚られただろう。そこで、消去法と、宇多の強い「押し」により、一三歳を迎えたばかりの醍醐が即位することになった。

　あるいは、宇多がこうも早く退位した原因は、温子との間にもし親王が生まれれば、醍醐が即位する可能性はなくなると考えたからかも知れない。

すでに触れてきたように、宇多は菅原道真を近臣として重んじていた。藤原基経が亡くなると、宇多は直ちに藤原佐世を陸奥守に左遷している。阿衡事件で基経に入れ知恵した人物への報復と考えてよいだろう。こうして菅原道真の登用への道が開かれたのである。

菅原道真の左遷

道真の先祖は、土師《はじ》氏であった。土師氏はもともと葬送などにかかわる下級の氏族であった。しかし、祖父の菅原清公《きよきみ》・父の是善《これよし》はいずれも遣唐使に加わり、唐の文化に通じていたため、時々の天皇の顧問に与るなど、文人貴族として重用されるようになった。その系譜を継ぐ道真は、学者として若いときから頭角をあらわし、基経が亡くなった翌月には蔵人頭に任命された。以後、彼は異例の出世を遂げ、ついに昌泰《しょうたい》二(八九九)年、右大臣に上り詰めた。

宇多と道真の関係をよく知ることができる史料として『寛平御遺誡』がある。そこでは、醍醐を皇太子に立てることや譲位を道真のみに相談したこと、醍醐も道真を重用すべきことが記されている。

宇多の突然の退位後も、道真は醍醐天皇に仕えていたが、延喜元(九〇一)年正月、突然、大宰権帥《だざいのごんのそち》に左遷される。理由は、宇多上皇を欺き、醍醐天皇に代わって斉世親王を皇位に就けようとしたというものであった。斉世は、橘広相の娘と宇多の間に生まれた親王で、道真も娘を嫁がせていたから、恰好の標的になったのであろう。この知らせを聞いた宇多は、裸足のまま駆けつけ、醍醐への面会を求めたが受け入れられず、門の前に一日中座り続けたと伝えられるが、ついに醍醐天皇の意思を変えさせることはできなかった。つまりここにおいて、藤原氏の影響を廃し、道真に醍醐天皇を補佐させようとした宇多の思惑は潰えたといえるだろう。事件の後、時平は同母妹の藤原穏子を醍醐に入内させており、この一件は、彼の策謀と推測されている。

道真の配所での生活は、軟禁状態といってもよく、そのようすは自身の文集である『菅家文草《かんけぶんそう》』にみることができる。醍醐から下賜された御衣《おんぞ》に昔を思い出し、一人涙した姿は、あまりにも著名である。そして配流から二年後、彼は大宰府で数奇に満ちた一生を終えることになった。死後、彼は御霊として人々から恐れられるようになるが、それは彼の実像とは無縁である。

延喜の改革

九世紀の終わりから一〇世紀のはじめにかけて、多くの政策が出された。その象徴ともいうべきものが延喜二(九〇二)年に出された一連の法令である。一般的には延喜の荘園整理令と呼ばれるが、そればかりではなく、律令国家の建て直しを企図したものであることが特徴である。荘園整理令と呼ばれる理由は、後世の荘園整理令の先例として重視されるようになるからであるが、実際にはかなり多様な内容を命じている。その内容を大まかに整理してみると次のようになる。

①班田の励行、国府などの官舎・国分寺・神社・池や用水路などの灌漑設備の修理、②調庸などの布製品の品質維持をはじめとする律令制全般の維持、③院宮王臣家《いんぐうおうしんけ》（後述）の荘園の禁止、④院宮王臣家の家人《けにん》が、権威を笠に着て在地の裁判に介入することの禁止、⑤院宮王臣家の家人が身分的特権を楯にして、納税を拒否することの禁止、⑥国司が院宮王臣家の家人を使役することを認めること、⑦院宮王臣家が山川藪沢《そうたく》などの共有地を囲い込むことの禁止、などである。③以下が荘園整理令に当たる。

これらの施策の目的を要約すれば、九世紀後半頃から活発化した富豪層や院宮王臣家の活動と在地の有力者の結びつきを阻止し、国司がその活動を黙認したり、逆に国司がそれらと結託することを防止するところにあった。究極の目標は、税を賦課できる人数（課丁数）を確保することにあった。

それでは、一連の律令制への回帰、そしてこの荘園整理令は有効に機能したのだろうか。現在残されている史料によれば、あまり効果はなかったと判断せざるを得ない。一〇世紀以降、ますます院宮王臣家は勢力を増大させ、国司との結合も進展した。この法令も現実的抑制効果は薄かったと考えた方がよいだろう。

なお、醍醐天皇は関白を置かず（親政）、治世も三三年と歴代天皇のなかでかなり長かったにもかかわらず、大規模な戦乱もなかった。また、次に述べるように最初の勅撰和歌集である

『古今和歌集』を編纂した。こうした理由から、後世、聖代と呼ばれ、村上天皇の時代とともに、「延喜・天暦の治」と呼ばれるようになる。とくに、後醍醐《ごだいご》天皇は、生前から後醍醐を名のったように(一般的には天皇名は死後贈られる)、醍醐天皇の時代を政治規範としていたことはよく知られている。

2　漢詩から和歌へ

文章経国思想

第二章で述べたように、九世紀には中国唐の影響を受けて、唐風文化が花開いた。その影響は、文学作品にも大きな影響を与えた。とくに、この時代には漢詩文が流行した。嵯峨天皇による漢詩文集『凌雲《りょううん》集』『文華秀麗《ぶんかしゅうれい》集』、淳和天皇による『経《けい》国《こく》集』はその典型である。また、空海の詩文を集めた『性霊《しょうりょう》集』も当時の文化を知るのに役立っている。

こうした漢詩文、ひいては文官を重視する考え方を「文章経国《もんじょうけいこく》思想」という。「経国」つまり、国家を運営するには文章が不可欠であるという儒教思想である。そもそも『経国集』という名称自体、この思想に基づいている。

現在の我々からすれば、漢詩文を作成することは「遊び」のようにみえるかもしれないが、決められた法則にのっとって（漢詩文には押韻《おういん》など複雑な作法があった）、漢詩文を作成することは官人としての重要な能力であった。例えば、当時の法令のなかには、しばしば中国古典からの引用がみられる。

また、この時期には、唐代の能書家であった顔真卿《がんしんけい》など、中国の書体に基づいた書を書く能力も求められた。漢詩文をつくり、それを中国風の書体で記す能力、これが当時の文人の必要条件であった。書の達人としては、三筆《さんぴつ》（嵯峨天皇・空海・橘逸勢）が著名である（図4－3）。

図4-3　嵯峨天皇筆「光定戒牒」（部分，滋賀県・延暦寺）

このような時代背景により、特有な官人群が現れてくる。いわゆる文人貴族と呼ばれる人々である。もともと、中国には科挙《かきょ》と呼ばれる官吏登用試験制度があり、たとえ農民の出身であったとしても、この試験に通れば、将来、宰相になることも夢ではなかった。倍率は高く、合格するのは至難の業であったが。

ところが、日本では、形式的に科挙を模倣した試験制度を導入したものの、実際にはあまり機能しなかった。日本ではウジの貴賤がはっきり分かれており、いかに能力があったとしても、その壁を越えることは困難であったし、逆に上流貴族として生まれれば、親の位階によって、はじめから位階が授けられることになっていた(蔭位《おんい》の制)。とくに、外位《げい》(たとえば、外正八位下など)を有する主として畿外の豪族は、昇進に不利であった。要するに、古代の日本では、本人の能力よりも家柄が重視されたのである。

ところが、九世紀には、たとえ低い家柄であったとしても、能力があれば、官人として出世できるようになった。極端な例をあげれば、畿外に属する伊勢国員弁《いなべ》郡司の出身である春澄《はるすみ》善縄《よしただ》は、参議まで上り詰めた。さらにいえば、菅原是公・是善・道真の三代も、下級氏族の出身でありながら政界に進出できた典型的な事例である。

また、この時代は、武官よりも文官が重視された。これは文章経国思想に基づく文治政治の影響であるが、すでに対外戦争が起きる可能性は低くなり、弘仁二(八一一)年以後、大規模な征夷は行われず、国内でも争乱は少なくなった。その結果、武力の必要性が、八世紀や一〇世紀と比べて低下したのである。軍事に資金がかからなくなればどうなるか。文化が花開く。

平仮名の誕生と和歌

もともと、和歌は公的に認められたものではなく、『古今和歌集』仮名序《かなじょ》に、「天地を動かし、目に見えぬ鬼神をもあわれと思わせ、男女の仲をも和らげ、猛《たけ》き武士の心をも慰む」とみえるように、あくまで男女間でやり取りする恋愛の歌、漢詩文に対する私的な歌と位置づけられていたらしい。正史に和歌が掲載されることはあっても、漢詩文を詠んだ事例に比べれば圧倒的に少ない。

しかし、九世紀は、表面的には漢詩の時代ではあったが、内部では和歌が脈々と作り続けられていた。いわゆる在原業平など六歌仙《ろっかせん》とよばれる人々の多くが活躍したのは、この時代であった。しだいに、和歌が興隆する下地が整えられてきたといえよう。

また、九世紀中頃に片仮名とともに、平仮名が発明されたことも和歌の隆興には大きな影響を与えた(図4－4)。和歌は、もともと『万葉集』のように、表意文字(一字一字の漢字が意味を表す用法)と表音文字(漢字を意味ではなく音として用いる用法。このような表音文字を万葉仮名という)を組み合わせていたが、万葉仮名を崩して平仮名が生まれたのである。

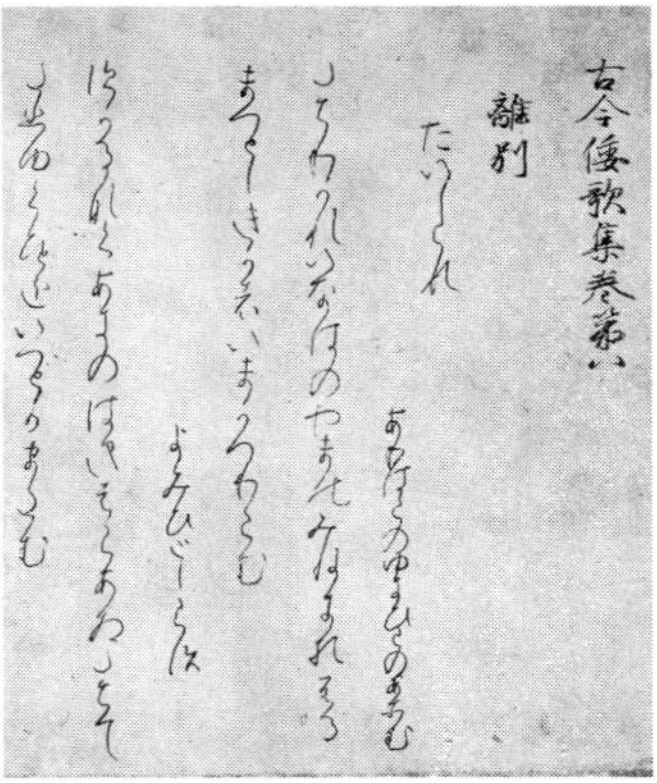

図4-4　古今和歌集 巻第八(高野切)

現在判明する初期の実例として、貞観九(八六七)年二月の讃岐国司解《げ》(太政官への報告書)に、讃岐介藤原有年《ありとし》が書き添えたメモをあげることができる。そこでは万葉仮名とともに平仮名が混用され、万葉仮名から平仮名が生まれてきたようすがよく示されている。

また、近年では土器に平仮名で書かれた和歌も、各地の遺跡から発見されるようになっている。従来考えられていたより、平仮名の使用は時代を遡り、かつ広範囲で使用されていた可能性もでてきた。

漢字には膨大な種類があり、しかも対応する音・訓が複数存在する。それらを単体ではなく熟語として記憶した上で、使い回せるようになるには長い訓練が必要であった。一方、平仮名は表音文字であるから種類は格段に少なく、修得も易しかった。この辺りにも和歌が流行する下地は整いつつあった。

『古今和歌集』編纂の意義

さて、それでは漢詩から和歌へはどのように変化したのであろうか。もちろん文化の問題であるから、劇的な変化をしたとは考えられないが、いくつかのエポックが指摘できる。その第一は、『古今和歌集』の編纂であろう。

『古今和歌集』は、延喜五(九〇五)年、醍醐天皇によって編纂が命じられたとする説と成立したとする説があり、編纂の過程については不明なところも多いが、最初の勅撰和歌集として名高い。従来、「はじめに」でも述べたように、明治以降、『万葉集』に比べて技巧に走りすぎ、実質的な歌の意味をあまりともなわない歌集として位置づけられてきたため、歴史的な視点からの分析はなされないできた。

しかし、延喜五年当時、生存していた詠者を分析してみると、興味深い点が浮かび上がってくる。すなわち、その多くが宇多上皇および醍醐天皇の血縁者、あるいは近臣であり、陽成上皇の縁者はわずかであった。このことは、『古今和歌集』は単なる遊技、あるいは風雅のために編纂されたのではなく、宇多・醍醐皇統の正統性を示すために編纂された可能性を示唆する。筆者は、先に宇多朝に近臣制度が整備されたことを指摘したが、『古今和歌集』編纂の大きな目的もこれと同様であったと考えられる。

また、王権によって和歌集が編纂された意味も大きい。それまで漢詩文の陰に隠れていた和歌が正式に認知されたのであり、以降、『後撰《ごせん》和歌集』をはじめ多くの勅撰和歌集が編纂されることとなる。

さらには、成立事情については諸説あるものの、真名《まな》序（漢文の序文）とともに、仮名序（平仮名の序文）がつくられた意義も忘れることはできない。すぐには一般化しないが、平仮名で書かれた文学作品が生まれる下地を作ったということができる。

以後の平安貴族にとって、自分の詠んだ和歌が勅撰集に入集するかどうかは大きな関心事であったが、それは名誉のためだけではなく、自分が王権のなかで生き残っていくために必要な手段でもあったからといえよう。

道真の感慨

さらに漢詩から和歌への変化を雄弁に物語る史料がある。昌泰元（八九八）年一〇月、前年に譲位した宇多上皇は、一カ月にも及ぶ御幸《みゆき》に出かけた。平安京から吉野（奈良県）の宮滝を経、竜田道《たつたみち》を通って住吉神社（大阪府）に参詣し、帰還するというルートであった。

その途中、上皇は、大和国で素性《そせい》法師(僧正遍昭《へんじょう》の在俗時代の子)を呼び出し、近習《きんじゅう》の者たちとともに和歌を詠ませた。素性は和歌の名手として知られており、たびたび名歌を披露し、別れ際には、宇多から下賜された馬に乗り、宇多の御衣を羽織ったという。

このようすをみた菅原道真は、「人々以為《おもえ》らく、今日以後の和歌の興衰を」と、彼自身の随行記である『宮滝御幸記《みやたきごこうき》』(『扶桑略記《ふそうりゃっき》』所引)に書いている。状況から考えて、その場にいた人々が、今日以後ますます和歌が興隆するであろうことを感じたという意味である。この言葉は、漢詩から和歌への変化を余すところなく捉えていて興味深い。道真は、和歌よりも漢詩文に秀でていたから、宇多の素性への厚遇に接して和歌の興隆を予感し、複雑な気持ちを抱いたのであろう。

この時期以後、和歌は男女間の恋愛の道具のみならず、しだいに貴族の必須の嗜みとして公的にも認められ、以後、中世に向けて多くの勅撰和歌集や個人の私家集が編纂されるようになった。この意義は、日本の歴史や文化にとって、決して小さくない。

3 天暦の治の実像

菅原道真の突然の配流と死は、人々に大きな影響を与えた。延長元(九二三)年、醍醐天皇と藤原穏子(藤原基経の娘)の間に生まれた皇太子保明《やすあきら》親王が二一歳で亡くなったが、世の人々は、「菅帥《かんのそち》(菅原道真)の霊魂の宿怨《しゅくえん》(蓄積した恨み)のなす所なり」と噂したという。また、延長三(九二五)年には、保明の子で、彼に代わって皇太子となった慶頼《やすより》王も、わずか五歳で亡くなってしまった。

醍醐の死と藤原忠平政権

さらに延長八年六月末には、愛宕《あたご》山から黒雲がわき上がり、雷鳴とともに清涼《せいりょう》殿の南東に雷が落ち、大納言藤原清貫《きよつら》と右兵衛佐美努忠包《すけみぬのただかね》は即死、右中弁平希世《まれよ》も顔を焼かれ、その他の人々も傷を負うという大事件が起きた。そして、これをきっかけとして、醍醐天皇も病に臥し、九月末に亡くなってしまった。

人々は、一連の事件を道真の祟りだと解釈し、後には、延喜九(九〇九)年、三九歳で亡くなった左大臣藤原時平の死なども、道真の仕業と考えるようになった。天神《てんじん》信仰の成立である。このようすは半ば伝説化し、『北野天神縁起絵巻』を代表とする「天神縁起」としてよく知られている。

ついで、延長八年に皇位を継いだのは、保明親王の弟で八歳の寛明《ゆたあきら》親王(後の朱雀天皇)であった。母は基経の娘穏子。寛明は、保明が亡くなった年に生まれたこともあり、道真の怨霊に怯えながら、育てられたことだろう。

一方、摂政、そして関白となったのは時平の弟忠平《ただひら》であった。彼は、道真の左遷に関係がなかったし、妻も菅原氏と血縁関係にあった。長らく兄の陰に隠れていたため、政界の第一線で活躍するようになるのは五〇歳を過ぎてからだが、その後も二〇年近く摂関の地位にあった。

彼の政策の特色として、農業や税制への積極的関与があげられる。地方を含め、旱魃《かんばつ》などに見舞われた時期であったため、農業の復興に力を入れた。とくに良田を損田《そんでん》と詐称して不正な所得を得ようとする国司に対して検察を強化するとともに、荒地の再開発を促すなど、積極的な政策を推進した。また、彼は、税制を人頭税から土地を単位としたものに変化させ、現実の変化に対応しながら、律令財政を修復しようと努力した(第六章)。

天暦の治の実像

朱雀天皇には、熙子《きし》(保明親王と時平の娘仁善子《にぜこ》の娘)や慶子(忠平の息子実頼《さねより》と時平の娘の子)が入内したが、子が産まれなかった。その結果、朱雀天皇の弟成明《なりあきら》親王が天慶九(九四六)年に即位した。一九歳の村上天皇である。

天皇は、即位早々の天暦元(九四七)年六月には、左右二つに分かれていた検非違使《けびいし》庁(都の警備を行う官庁)を併合して一つにし、検非違使と、保長《ほちょう》や刀禰《とね》などの平安京の有力者とが一緒に夜回りをすることを規定した。また、一一月には、物価を定めること、倹約に努めること、華美な服装を慎むこと、豪華な饗宴を禁止することなどの新制を公布した(『政事要略』)。新制とは、天皇の代替わりごとに、基本政策を公布するもので、以後、恒例化することになる。

また、天皇は政務にも積極的に関与し、例えば同年閏七月には、五畿内および畿内近国が納入する調庸の粗悪や租税の納入時期の違反などを積極的に取り締まろうとし(『政事要略』)、九月には対象を全国に広げている(『貞信公記《ていしんこうき》』)。さらに、天徳《てんとく》二(九五八)年には、和同開珎《わどうかいちん》からはじまる皇朝《こうちょう》十二銭の最後となる乾元大宝《けんげんたいほう》を鋳造させた。

このように、村上天皇は熱心に政治に取り組み、二〇年以上も在位したこと、天暦三(九四九)年に関白藤原忠平が亡くなった後、関白を置かなかったことなどの理由により、後世、醍醐天皇とともに、「延喜・天暦の治」と称され、聖代として仰がれた。

安和の変

安和《あんな》二(九六九)年三月、宮中に激震が走った。左馬助《さまのすけ》源満仲《みつなか》(源経基の子)と前武蔵介藤原善時《よしとき》が、中務少輔《しょうすけ》橘繁延《しげのぶ》と左兵衛大尉《たいじょう》源連《つらぬ》を謀反のかどで告発したのである。すぐに公卿たちは会議を開くと、繁延らを拘禁し、前相模権介藤原千晴《ちはる》(藤原秀郷《ひでさと》の子)らを捕らえた。

その結果、左大臣源高明《たかあきら》にも累が及び、彼は大宰権帥として流された。そして千晴たちは連座し配流され、満仲たち告発者には恩賞が与えられた。これが世に言う安和の変である。

この事件の裏側には、皇位継承問題が絡んでいた(図4－5)。康保《こうほう》四(九六七)年、村上天皇に代わって即位したのは冷泉《れいぜい》天皇であった。ところが、彼は、即位以前からしばしば常軌を逸した行動をとった。例えば、一日中鞠《まり》を蹴って、梁に乗せようとし、足に怪我をしても止めなか

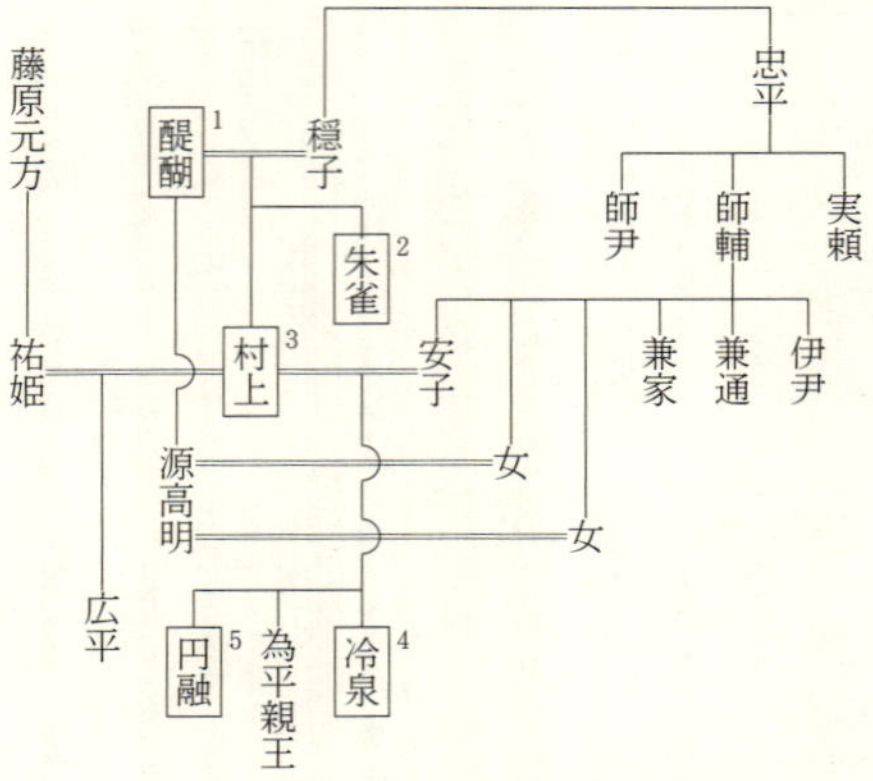

図 4–5　天皇家・藤原氏系図

ったという。当時、このような挙に出るのは、物の怪の仕業と考えられたから、僧などに祈禱を命じたが癒えなかった。

こうなれば、早く次の皇太子を決めなければならない。これが安和の変の遠因であった。当時、候補者は二人いた。為平《ためひら》親王と守平《もりひら》親王（後の円融天皇）である。二人は村上天皇と藤原師輔の娘安子の間に生まれた冷泉の弟たちであった。順番からすれば、兄の為平親王（一六歳）が有利なはずであったが、実際は守平（九歳）が選ばれた。

この背後には、藤原実頼・師尹《もろただ》・伊尹《これただ》らがうごめいていた。なぜなら、為平には源高明の娘が嫁いでいたからである。

高明は醍醐の子で、朱雀・村上天皇の腹違いの兄弟（母は源周子）であり、『西宮記《さいきゅうき》』という儀式書を編んでいることからもわかるように学識も高く、左大臣という要職についていた。したがって、もし、為平に男子が産まれれば、その子が将来天皇になるかもしれず、そうなれば高明は外戚になってしまう。先にあげたように藤原氏はこのことを何より恐れたに違いない。もっとも、東宮には守平が立っていたから、取り越し苦労かとも思われるが、念には念をといったところであろうか。高明にとって、とんだ濡れ衣であった。

この事件にはもう一つの背景があった。それは源満仲と藤原千晴の対立である。彼らは、いずれもこの少し前に起こった平将門の乱(後述)の鎮圧者の子であり、また、満仲が藤原氏、千晴が高明というように、有力な貴族と主従関係を結んでいた。したがって、安和の変は、当時勃興しつつあった武士の棟梁《とうりょう》どうしの反目という面も持っていた。満仲は、この事件で単に密告の恩賞に与っただけではなく、対立する武士団を葬り去るという一石二鳥の役得をしたと言えるだろう。こうして、秀郷流藤原氏は没落し、源氏が平氏とともに武士の棟梁に成長して行くことになる(第五章)。

安和の変は、藤原氏の他氏排斥運動の最後となる事件であった。この事件を契機として、今度は藤原氏内部の権力争いが頻発するようになる。この点は本シリーズの次巻に譲ることになるが、藤原道長を想起するようないわゆる摂関政治体制は、これ以降本格化することになる。

イエの成立

古代の氏族は、族長を頂点として親族関係を中心にしてまとまり、ウジという集団を形成してきた。しかし、すでに古墳時代後期の群集墳にみられるように、ウジのなかにも族長以外の有力者が現れ、しだいに結束は弱くなっていたようである。そのため、氏寺などを建立し、そのつど再結集をはかってきた。

それでも、こうしたウジの変質に歯止めはかからなかった。藤原氏の場合を見てみよう。弘仁一二(八二一)年、藤原冬嗣が勧学院《かんがくいん》(藤原氏の教育機関)を創建した。その目的は、官人として仕えるための教育を受けさせること、そして氏人のうち、身よりのない者を救うことにあった。承和三(八三六)年には、藤原氏の議政官全員が、経済的に困窮した勧学院を支援するようになり、以後、大臣以上に昇進した人物は、経済的な支援を行うことが慣例化した。このことは、勧学院が藤原北家・南家・式家・京家などに分裂していた藤原氏を結束させる機能を持っていたことを明確に示している。

このような施設は、大学別曹《べっそう》と呼ばれ、他にも和気氏の弘文院《こうぶんいん》、橘氏の学館院《がっかんいん》、在原氏の奨学院《しょうがくいん》などもつくられた。九世紀のウジは、変質しながらもまだ結束力を維持していたと言えよう。

ところが、一〇世紀になると、ウジのなかに「イエ」が生まれてくる。例えば、藤原忠平は、法性寺《ほっしょうじ》を建立した。これは、藤原氏のためにつくられた興福寺《こうふくじ》とは異なって、もっと狭い血縁集団のための、いわば一門の寺院である。同様に、この少し後には、藤原師輔も寺院を建立する。まだ、中世のイエほど確固としたものではないが、それぞれの流派のなかにイエ意識が芽生えてきたのであった。

明確なイエが出現するのは、おおむね一〇世紀後半頃である。この時期には、後に小野宮家や九条家と呼ばれるイエが誕生した。前者は実頼を始祖とし、実頼の養子である実資が『小野宮年中行事』を、後者は先に示した師輔が『九条年中行事』を著した。これはそれぞれのイエでの年中行事や儀式の作法を子孫に書き残したものであり、内容に違いが見られる。それぞれの違いを示すことがイエのプライドをかけた生き残り戦術でもあった。この二つのイエはライバル関係にあり、摂関期には覇を競い合うことになる。

イエが成立すると、次に家職《かしょく》が成立する。

家職の成立

律令制下にあっては、特定の氏族が特定の職種を独占することは、基本的になかった。特殊な職種については例外もあったが(例えば宮廷の調理にかかわった高橋氏や安曇《あずみ》氏)、中央の重要な官職については、逆に独占が忌避された(選叙令《せんじょ》)。現在でも同じであるが、同一ポストに近親者が長く務め続ければ、不正の温床になりやすいからである。

ところが、一〇世紀後半以降、下級氏族では、それぞれのイエが特定の職種を世襲するようになった。家職の出現である。こうした変化が現れる背景にはいくつか理由がある。

まず、位階制の変質が深く関係している。律令制の建前では、勤務日数(上日)や勤務成績によって、毎年勤務評定をつけ(考課)、任期ごとに集計し(考選)、昇進の根拠としていた。しかし、九世紀前半頃から、官職を務めた年数(年労)が重要視されるようになり、家柄に応じた官人の昇進ルートが固定化するようになった。その結果、以前にも増して、個人の能力よりも家柄が重視されるようになった。

ついで、職務内容の専門化があげられる。この頃になると、さまざまな官職それぞれにおいてノウハウの蓄積が増え、とくに専門的な分野では、門外漢が手出しできないほどに高度化していた。一方、家職として職務を相伝すれば、ノウハウのみならず関係資料も蓄積し、専門的な仕事を早く修得できるのである。

各氏族が貴族社会で生き残っていくためには、没個性化しているよりも、得意分野、すなわち家職をもって王権に仕える方が有利になる。こうして中流貴族から下級氏族に至るまで家職が生まれたのである(武士もこの一つであるが、それについては次章で述べることになる)。

いくつか例をあげてみよう。まず、特殊な技能を持ったイエである。医道においては、一〇世紀中頃から和気氏が現れ、また、最古の医書『医心方《いしんぽう》』を編纂した丹波康頼《たんばのやすより》以降、丹波氏も従事するようになった。一〇世紀末以降、医道は、この二氏により独占されるようになる。

天皇から庶民まで幅広く信じられた陰陽道《おんみょう》(暦や占いで吉凶を判断する俗信)では、九世紀半ばから後半にかけて滋岳川人《しげおかのかわひと》が出て基礎を築いたが、一〇世紀後半には賀茂忠行《かものただゆき》・保憲《やすのり》父子、そして忠行の弟子で数々の伝説に彩られた安倍晴明《あべのせいめい》が登場し、発展させた。この段階では、まだ家職として独占はしていないが、一一世紀初頭以降、両氏が陰陽師としてほぼ他氏族を圧倒するようになった。

今度は、事務官僚についてみてみよう。太政官にあって、外記とは太政官に属し、文書の起草や、『外記日記』など職務にかかわる日記を残していた実務官僚であるが、これを坂上氏《さかのうえ》や中原氏が独占するようになる。また、法律を専門とした明法道や儒教の教授に従事した明経《みょうぎょう》道でも中原・清原氏が家職として従事するようになった。

それぞれのイエが他氏族を圧倒し、職種を独占するようになる時期はまちまちであるが、早ければ一〇世紀末頃、遅ければ一二世紀中頃で、概して専門性が高い職業ほど早く家職が成立する傾向にある。こうした体系は、中世では「職《しき》」として確立するが、一〇世紀末以降のイエ成立と家職の世襲化は日本社会のあり方を大きく変えたと言えるだろう。

4　消える官衙と受領の成立

官衙の消長

中央の機構が変化するにつれて、地方社会も大きく変容していった。律令国家の成立とともに、地方支配の本拠地(国司の居所)として国府が建設された。その初期の実態については不明な点も多いが、現在のところ、七世紀末頃に成立する場合が多いことが知られている。その後、全国的に八世紀前半に国庁《こくちょう》・正倉《しょうそう》・国厨《くにくりや》・国司館《こくしのたち》などの施設が整備され、九世紀前半に全盛期を迎えた。

国庁は、国司が政務を行うところで、その構造は平城宮の大極殿と朝堂院を模している。天皇が出御する大極殿は国府では正殿に、朝堂院は脇殿に相当する。こうした機能の類似は、国司の性格と密接に関係している。国司の和訓は「クニノミコトモチ」といい、天皇のミコト（言葉）を持って任国に下ったことを意味する。したがって、国司は国府の官人や郡司たちを国庁に集め、正殿で天皇（朝廷）の命令を代読したのである。このことが大極殿・朝堂院と国庁の形態が類似することの理由である。

正倉は、国府の運営上必要不可欠な物品を収納していた倉庫群である。そのカギ（鎰《やく》）は、国印とともに国務の象徴であった。国司が交替する際には、象徴的な儀礼として印鎰《いんやく》が前任国司から後任国司に渡されたし、平将門は、東国の国府を占領した際に、国府を手中に収めた証として、降伏した国司から印鎰を奪いとっている。

国厨とは、国司など国府で国務を遂行している人々の食事を準備する施設である。ただし、国内の各所から「国厨」と書かれた墨書土器が出土しているところから、国司が国内を巡行する際には、現在のケータリングサービスのように、食べ物を出張先に届けていたことも推測されている。また、国司館は、本来は国司の私的な居住空間であり、守《かみ》・介《すけ》・掾《じょう》・目《さかん》など役職別に建物が分かれていたらしい。

こうした国府の実態が近年の発掘調査によって徐々に明らかにされてきた。例えば、下野国府では(図4-6)、国庁のほぼ全域と国司館、国庁にまっすぐ続く道路(朱雀路)、倉庫群などが発掘され、Ⅰ期(八世紀前半)から、Ⅳ期(一〇世紀前半)までの四期にわたる遺構の変遷が明らかになった。そして、現在、その一部が復元展示されている。その他、伯耆《ほうき》国府(鳥取県倉吉市)も広範囲にわたって発掘調査が行われた。

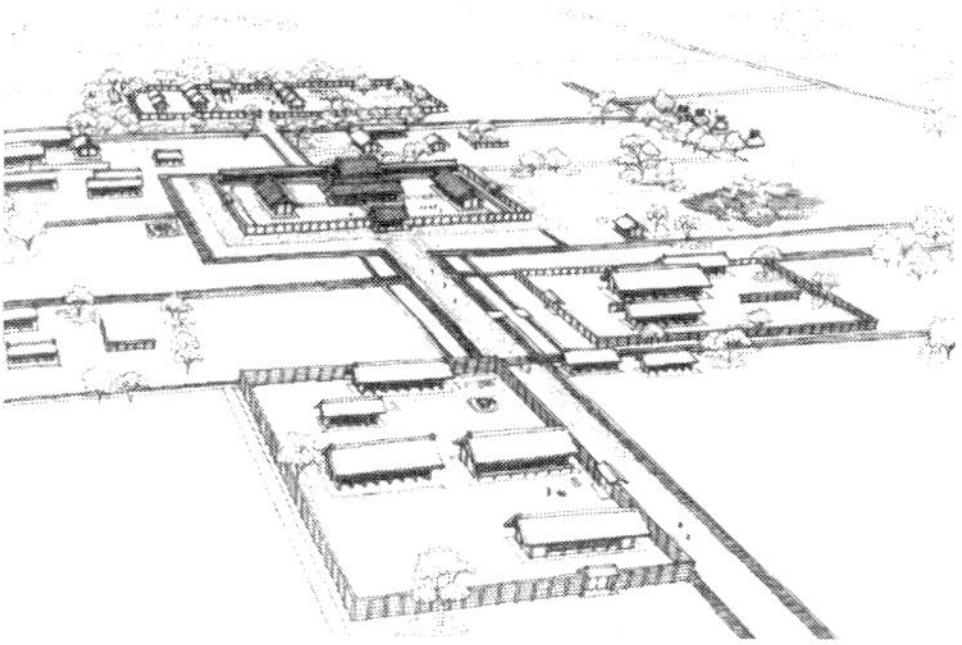
図 4-6　下野国府の復元

ところが、全国的にみて、一〇世紀、とくに後半以降になると、国庁の遺構はほとんど発見されなくなってしまう。それは、後述するように、国司制や徴税法式が大きく変化するためである。国務はそれまで行われていた国庁ではなく、国司館で執り行われるようになった(図4-7)。その結果、国庁自体の必要性が低くなり修造されなくなったらしい。国庁と国司館の関係は、都において大極殿・朝堂院から内裏へと政務空間が変化したことと同じ関係にあった。

一方、郡家《ぐうけ》もしだいに変質する。もともと七世紀の後

図 4-7　さまざまな人が出入りする国司の家(『石山寺縁起絵巻』)

半に、郡家の前身である評家《ひょうけ》が成立した。愛媛県の久米《くめ》官衙《かんが》遺跡群(松山市)は、七世紀後半でも早い段階に成立した評家として知られている。

その後、八世紀はじめに郡家は整備され、おおむね九世紀前半をピークに全盛期を迎える。現在では全国各地から数多くの遺跡が発見されている。郡家では、郡司が徴税などの郡務を行い、国司が国内を視察する際の宿泊所の機能も兼ねていた。ただし、国庁が全国的にほぼ同一の形態をとるのに対して、郡庁は、国庁と同じ「コ」の字状配列、「ロ」の字状配列、不整形など実にバラエティーに富んでおり、郡家の成立事情が複雑であったことを物語っている。

郡家遺構も一〇世紀以降、検出されなくなる。代わって、郡家の近くに在地の有力者の居宅が現れる場合がある。これまでのところ、それ程実例が多いわけではないが、例えば新潟県長岡市の八幡林《はちまんばやし》遺跡群と近くの門新《かどしん》遺跡の関係は注目される。八幡林遺跡群の性格は、郡家を含む複合遺跡である可能性が高く、一方、三キロメートルほど離れた門新遺跡は、一〇世紀前半頃、八幡林遺跡群と入れ替わるように成立し、川や溝で区画された居宅内からは、大型の主屋・倉庫、鍛冶《かじ》・漆《うるし》工房、そして出挙の貸付に用いられたと推定される木簡も出土している。

門新遺跡に住んでいた氏族の性格は不明であるが、在地の有力者であることは間違いない。おそらく、国府の性格変化の影響を受け、郡家でも郡庁から在地有力者(郡司)の居宅に中心が移ったのではなかろうか。

それでは、在地でなぜこのような変化が起こったのであろうか。それは、国司や郡司の性格が大きく変化するからである。その点を次にみてみよう。

受領の成立

諸国を治める国司は、都から派遣される地方官である。国司の人数は、国の等級によって決められたが、彼らは、守・介・掾・目の四等官から構成され、国府にあって国務を担当した。国司の職務は、職員令《しきいんりょう》と呼ばれる令の編目に規定され、国内の行政・司法・警察など全般を担当し、毎年中央政府に対して報告する義務を負っていた。任期は時代や地域によって異なるがおおむね四年であった。四等官の職掌はそれぞれ異なるが、故意による不正を除いて連帯責任(連座制)を負っていた。例えば、税の未納が生じれば、それぞれの俸禄から差し引かれ補塡された。九世紀前半には、全国的に旱魃・長雨などの自然災害が頻発したこともあり、民衆救済など、善政を行う国司を「良吏《りょうり》」と名付け、国家が賞賛したことが『日本後紀』をはじめとする国史に散見する。

しかし、九世紀後半以降、税の納入期限の遅れ、未納や粗悪化が問題となった。ここでいう税とは、中央政府に納める費目としては調(主として布や特産物)や庸(主として布や米)、地方に納入する費目としては租《そ》や正税出挙《しょうぜいすいこ》(諸国に納められた租を元手に春に貸し出し、利息をあわせて秋に回収した貸付制度)などを指す。蜘蛛の巣のような(織り目の粗い例え)調の布があったというから、粗悪化がいかに凄まじかったのか想像することができよう。その原因には、農民の徴税忌避のほか、国司や郡司の横領もあった。

このことは、律令国家に深刻な問題を引き起こした。国家運営のための経費が不足するからである。そこで、国司に取り立てを厳しくすることを命じる一方、国司に対する監査を厳しくしたが、なかなか改善しなかった。

とくに、顕在化したのは国司の徴税の怠慢や横領であった。この対策として生まれたのが受領《ずりょう》国司制である。「受領」とは現在でも「受領証」などというように、この場合は、新任国司が前任国司から国務を「受領」するところから生まれた言葉である。

それまでの国司では、先に述べたように連座制が適用されたが、受領国司制では、国司の内最上席の者のみが責任を負うことになる。多くの場合、守が受領となるが、上総・常陸・上野国は、親王任国といって、都にいる親王が守に任じられたため(太守《たいしゅ》という)、介が実質的な受領となった。後世の事例ではあるが、「上総介織田信長」といえばおわかりであろうか。

国家は、受領にもっぱら徴税や検察を任せる代わりに、国務に直接口出しすることを控えるようになった。具体的にはそれまで視察や監察のために派遣していた使者を遣わさなくなり、受領に国務運営を全般的に任せるようになったのである。つまり、受領国司の権限は、それ以前と比べて飛躍的に強化されたと同時に、国家が直接地域社会を統治することを放棄したことになる。

このことは、裏を返せば介・掾・目(任用国司という)の権限が縮小されたことも意味する。九世紀後半以降、全国的に任用国司が受領国司を攻撃する事件が頻発するが、それは受領国司と任用国司の間で、国務の運営方法や俸禄をめぐって対立が起きたからである。

その一方で、陣定で受領の国務運営の善し悪しを文書で審査し、もし良好ならば当人の位階を上昇させたり、次の官職に有利につかせるシステムも構築された。これを受領功過定《こうかさだめ》といい、一〇世紀前半には年中行事化した。具体的には、受領の任期中の正税帳などの公文《くもん》類と、前任の受領と新任の受領の間で作成された事務引き継ぎ書である交替公文(税の取り立て不足、出挙の返済不足、国分寺などの施設の破損の有無などを列挙してある)を突き合わせ、任期中の実績を判定した。

受領の成立とともに、在地では郡司も大きく変質した。そもそも、職員令によれば、郡司には任期がなく(終身官)、大領・少領・主政・主帳から構成され、国司の下にあって、郡内の政務を行うことになっていた。一般の官人に任期が設けられているのとは大きな違いである。その理由は、郡司には、大化前代の国造《くにのみやつこ》など、古くからの地方豪族が任命されていたからであった(選叙令)。したがって、当初、日本古代では、郡司が実質的な税の徴収、出挙、勧農、労働力の徴発などを担い、国司は、郡司の手を通して間接的に在地を統治・運営しているに過ぎなかった。この点については、石母田正《いしもだしょう》氏が提起した「在地首長制」という考え方が有効である。

郡司の変質

ところが、平安時代になると、郡司の任命の仕方が大きく変化した。本来、郡司を任命する際には、国司は複数の候補者を引き連れて都に上り、式部省で試験(試練)を受けた上で、天皇や議政官の出席のもと、任命式が行われることになっていた。郡司の位が高くても五位、一般的には六位以下であったことからすれば、天皇が任命の儀式に出席することは異例といってよい。それは、国家にとって郡司を統治することが重要であったためである。

ところが、弘仁二(八一一)年には、それまで複数の候補者を必要とした任命方式から、国司の推薦がそのまま認められる方式へと変化した。また、弘仁一三年には、国司が選んだ候補者を三年間にわたって試用する擬任《ぎにん》郡司制が定められた。こうした任命方法の変化は、より広い氏族から郡司を採用することを可能にしたし、何より国司の意見が郡司の任命に強く反映されるようになったことを意味する。国司の郡司に対する支配権は確実に強まり、逆にそれまで伝統的に郡司を輩出していた氏族は、弱体化したのである。

こうして受領国司は、郡司の伝統的権威を必要とせず、直接在地に対して力を及ぼすことが可能となった。反面、郡司は共同体の族長的側面を捨てざるを得なくなり、それまでの地域社会での伝統的権力をしだいに失うことになる。その結果、郡司は、受領のもとで文書を作成したり、徴税を行うといった、国司の手足へと変化していった。

院宮王臣家の進出

九世紀の在地社会では、もう一つの困難な問題がしだいに顕著になってきた。国司の土着とともに、院宮王臣家とよばれる勢力が入り込んできたのである。院宮王臣家とは、上皇（太上天皇）・親王（天皇の兄弟・皇子）・女院（天皇のキサキ・内親王など）・東宮などの皇室関係者、天皇の子孫に当たる王、藤原氏など上流貴族のイエの総称である。

国司としては、豊後介中井王の例が象徴的である。彼は任期が終わった後も豊後国日田《ひた》郡に留まって私宅を構え、自国のみならず隣国の筑後国や肥後国にまで版図を広げ、郡司や農民を駆使して大規模な田地を経営したことが指弾されている（『続日本後紀』承和九年条）。こうした人々は、「富豪人」「富豪浪人」などという言葉で表され、しばしば史書に登場するようになる。

また、院宮王臣家では家政機関を持ち、経済活動、とくに地方社会に進出し、荘園経営に力を注いだ。その原因は、彼らの律令的権威にあった。主人は、低くても五位、一般的にはそれ以上の位階を有していたから、国司より位階が高い場合が多く、優位にあった。したがって、その権威を求めて浮浪人や在地の有力者が傘下に集まり、国府に対して納税を拒否したり、国府からの使者に暴力をしばしば加えたのである。

例えば『将門記《しょうもんき》』によれば、常陸国に居住していた藤原玄明《はるあき》は、広大な田地を耕作しながら、「束把《そくは》の弁済」をせず（まったく税を支払わず）、しばしば税を督促にやってくる国府からの使者（収納使）に暴力を加えたというが、彼もまたいずれかの院宮王臣家と主従関係を結んで国司と対立したのであろう。

さらに、左右衛門府・左右近衛府・左右兵衛府など衛府の下級官人の行動も問題となった。昌泰四（九〇一）年閏六月の太政官符によれば、播磨《はりま》国に住んでいる人の半分は衛府の下級官人（舎人《とねり》）となっており、勤務先の衛府から都で勤務しているとの偽の証明を出させた後は、彼らは播磨国に居住しているにもかかわらず、都にいると主張して納税を拒否している。また、出挙も受けず無道な行いをしている、と指摘されている（『類聚三代格』）。この場合も、衛府に勤務していることを笠に着て、徴税を拒否し、国司の指示に従わなかったのである。その結果、課税対象者が激減することになる。

こうした状況は、国家に対して治安と財政の悪化をもたらした。政府も院宮王臣家と在地の結びつきを切断する目的で、延喜の荘園整理令をはじめとする禁制をくり返し発したが、その実効性に乏しかったことはすでに述べたとおりである。新しい時代の胎動は押さえきれなかったといえよう。

治安維持と財源の確保。これが九世紀後半以降の国家が抱えた最大の懸案であった。

第五章　唐の滅亡と内乱の時代

1 東アジアの激動

奈良時代には、ほぼ二〇年に一度、遣唐使が派遣されることになっていたが、平安時代には、延暦二三(八〇四)年と承和五(八三八)年の二回しか派遣されていない。

遣唐使の停止

その理由は、唐の政治システムや豊富な「知」をかなりの部分学び終えていたこと、そして唐そのものがすでに衰退していたことに求められる(第二章)。

ところが寛平六(八九四)年、宇多天皇は突然、五〇年ぶりに遣唐使の派遣を命じた。遣唐大使は腹心である菅原道真、副使は文人貴族として著名な紀長谷雄《はせお》である。この一件を巡っては、従来から、本気で派遣するつもりであったとする肯定的見解と、形式的な発案に過ぎず実際に派遣するつもりはなかったとする否定的見解がある。筆者は前章でみたように、宇多が翰林学士など中国の制度の導入を企図していたことからみて、実際に派遣を企てていたとみる。

しかし、実際には派遣されなかった。その原因の一つは道真にあった。彼は、寛平六年九月一四日付けで、「諸公卿をして遣唐使の進止を議定せしむを請う状」という奏状を上程し(『菅家文草』)、公卿たちが遣唐使派遣の可否を合議することを、天皇に求めたのである。その結果、おそらく、道真の奏上を契機に公卿会議が開かれ、遣唐使の派遣は停止されたと考えられる。

その理由については、古来からいろいろ指摘されてきた。道真が危険な航海を避けたのではないか、莫大な費用がかかる割に、唐が衰退してすでに学ぶべきことは多くないと考えたのではないかなどというものである。停止の理由を一つに絞ることはできないが、道真が唐の情勢に通じていた点は注目してよい。『菅家文草』には、道真と在唐の僧中瓘《ちゅうかん》が書状のやり取りをしたことが書かれているからである。おそらく、唐に関する直接の情報をもとにして、道真は総合的に判断したのではなかろうか。

ただし、寛平六年に遣唐使を廃止したとする見解をみかけるが、これは明らかに誤りである。道真にしろ長谷雄にしろ、この年以降も「遣唐大使」および「遣唐副使」の肩書きを使用しており、再派遣の可能性を残していたことがうかがえる。したがって、結果として遣唐使は派遣されなかったのであり、寛平六年段階ではあくまで遣唐使の派遣停止が正しい。

また、遣唐使の停止をもって「国風文化」が発生したとする説もいまだに眼にすることがある。しかし、この説が的を射ていないことは明白だろう。本書でもしばしば指摘するように、国家的外交はともかく、一〇世紀にも活発な商人の来航は続いており、貴族たちの「唐物《からもの》」(後述)へのあこがれには大きなものがあった。「国風文化」といっても、中国の文化を排除したものではなく、中国文化を日本風に咀嚼・アレンジしたもので、あまり日本独自の文化という面を強調すべきではないだろう。

唐の滅亡と新しい国々

唐の最盛期は、八世紀前半、玄宗皇帝の前半生であった。領土は拡大し、西はアラル海、南はベトナムに至る巨大な中華帝国が出現した。この時代を年号にあわせて「開元《かいげん》の治」と呼ぶ。ところが玄宗は、その後半生になると、楊貴妃《ようきひ》とのラブロマンスに代表されるように、政治に熱意を失い、国全体の勢いにも影がさすようになった。そして、七五五年から七六三年にかけて安禄山《あんろくざん》や史思明《ししめい》による反乱(安史《あんし》の乱)が起きたことにより、混迷はより深まった。

さらに、八七五年から八八四年にかけて、塩の闇商人であった黄巣《こうそう》や王仙芝《おうせんし》が起こした黄巣の乱によりその疲弊は決定的となり、九〇七年、最後の皇帝哀宗《あいそう》は、黄巣の配下であった朱全《しゅぜん》忠《ちゅう》によって殺害され、ここに唐は滅亡した。それ以降、五〇年あまりにわたって、中国では小さな国が分立・統合を繰り返す五代十国時代となり(図5-1)、九七九年、ようやく宋が国内を統一した。

一方、朝鮮半島では、九世紀はじめ、新羅で内乱が起き、豪族が群雄割拠する状態になると、九〇〇年には半島西南部に後百済が起こり、翌年には中北部に後高句麗が建てられた。また、九一八年には王建が高麗《こうらい》を建国し、この三国が離合集散をくり返しながら、九三五年新羅が滅亡し、翌年、王建が朝鮮半島を統一する。

さらに、中国東北部では、耶律阿保機《やりつあぼき》が契丹《きったん》を建てた。これはモンゴル系の遊牧民族であったが、九二六年には、長年日本に「朝貢」してきた渤海を滅亡させ、九三七年には遼と称するようになった。

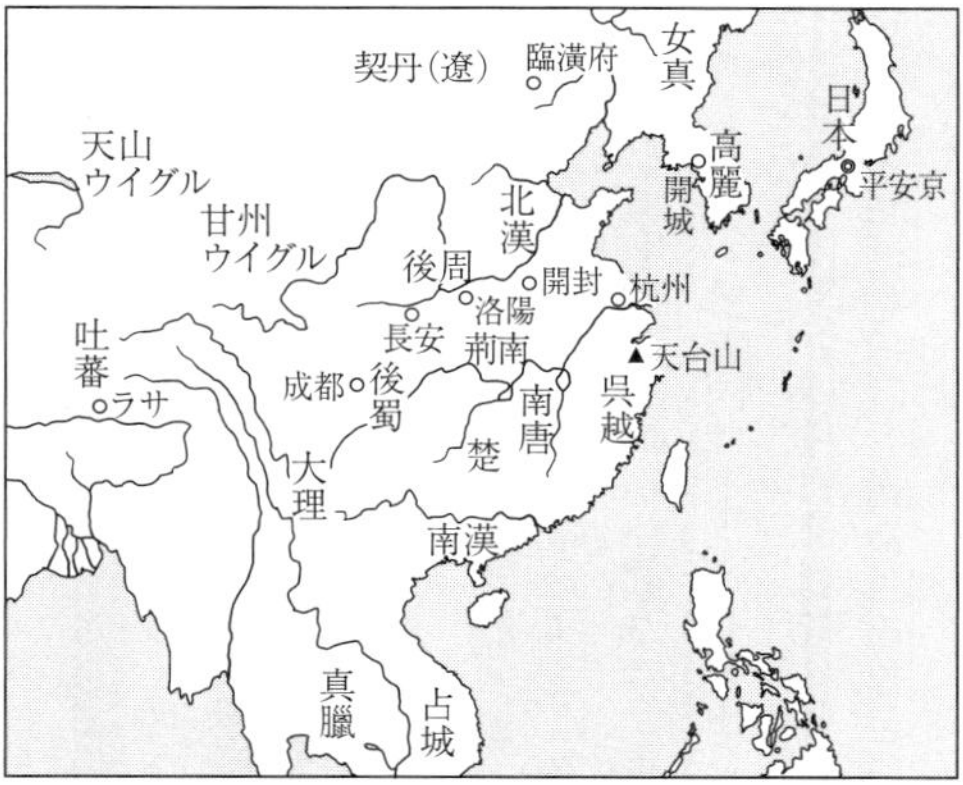

図 5-1　10 世紀中葉の東アジア

九世紀後半から一〇世紀前半にかけて、東アジアは、国家の統廃合が繰り返される大変動期に突入したのであった。幸か不幸か、日本は島国でもあり、こうした激動と直接関係することはなかったが、間接的には大きな影響を受けた。そのようすをみてみよう。

外交の実態

九世紀の日本の正式な外交は、八世紀に比べ格段に少なくなる。その原因は、新羅との関係の悪化や東アジア世界の動乱に求められるが、それでも新たに興った国々は日本に外交を求めて使者を送ってきた。

例えば、延長七(九二九)年には、新羅の使者と称した後百済の使者が対馬に来航し、「朝貢」を求めたし、翌年には渤海の後裔を自称する一団が丹後《たんご》国に来航し、契丹の専横をまくし立て、日本政府から礼を失しているとして咎められた（『扶桑略記』）。

また、高麗も一〇世紀前半に三回の使者を派遣してきたが、政府は正式な国家として認識し、交易は許可したものの、正式な外交は受け入れなかった。基本的に日本は、外交の扉を開かなかったのである。ただし、特別な方法による接触もあった。臣下による外交である。

例えば、承平《じょうへい》六（九三六）年に呉越《ごえつ》国の商人が、国王銭鏐《せんりゅう》の代理として朱雀天皇・左大臣藤原忠平・右大臣藤原仲平《なかひら》（忠平の実の兄）に進物を持参した。忠平らは、慣例に従って天皇の分は返却したが、自分と仲平の分は受け取り、商人に返書を持たせたのであった。つまり、呉越国を正式な国家とは認めないものの、通商は行うとの意思を示したのである。

ちなみに、呉越国は、杭州や明州など、古くから貿易が盛んな地域、そして、最澄も訪れた仏教の聖地天台山を有する江南の国であった。後には、国王銭弘俶《せんこうしゅく》の依頼を受けて、延暦寺から経典を届ける使者も送られることになる。現在も、阿《あ》育王《いくおう》塔（仏教を篤く信仰したインド・マウリヤ朝のアショカ王に倣って製作された塔）の完型品やその破片が日本の各所に存在するが、それらは仏教を深く信仰した呉越王が経典の代わりに、伝えた物と考えられている。

「唐物」の流行

さて、九六〇年に宋（北宋）が成立すると、以前にも増して多くの人々、とくに商人が来航するようになった。当時の貿易は、国家によって掌握されていた。外国商人が来着すると、大宰府から都へ報告される。議政官は陣定で対応を審議した後、天皇に奏上し接触の判断を求めた。許可されると大宰府に知らされ、彼らは鴻臚館に留め置かれた。その際、海商は、乗組員の氏名、船載品の種類・品数などを書いた書類とともに、返礼として天皇に「唐物」を贈った。「唐物」は、皇室や貴族の間で珍重された舶来品の総称である（高麗からの物品をも含む。図5－2）。この後、蔵人所から唐物使と呼ばれる使者が派遣され、まず、政府が商品を買い付けた。その後、ようやく大宰府の官人や貴族などが商取引することが許可された。

このように、あくまで天皇の判断にこだわったのは、天皇のみが外交の可否を判断できるとの「外交大権」を有していたからであり、摂関といえどもこの権限を代行することはできなかったのである。

図 5-2　青磁三足壺
（福岡県・観世音寺）

一方、日本からは巡礼僧が渡海した。代表的なのは奝然《ちょうねん》であろう。彼は永観三（九八三）年に渡宋し、天台山を巡礼した後、太宗に拝謁した。翌年には五台山をも訪れ、太宗から宋版の大蔵経を下賜され帰国している。

奝然の巡礼は、形の上では求法を目的としたものであるが、成立して間もない宋と通交するため、公的な使者としての役割も担って赴いたとみることもできる。彼は太宗に、天皇の系譜や地理、人口など、日本の詳しい情報を報告しており、日本の地位を認めさせようとした形跡がある。日本は宋と公式な外交を結ばなかったが、使者を通じて情報を伝えることによって、その状況を補完する目的もあったのではないか。可能性は十分に考えられる。

京都の嵯峨にある清涼寺《せいりょうじ》には、奝然が持ち帰った釈迦如来像が安置され、一九五三年には、その体内から、五臓六腑の模型や彼の自筆文書類が発見された。この像は、彼がインド伝来の仏像を写し取ったものといわれ、以後、清涼寺式釈迦像として、各地で模刻されている。

2　知られざる地・東北の動乱

次に、北方との交易に目を向けてみる。

エミシとの交易

古代の東北地方から北海道にかけての地域にエミシと呼ばれる人々が居住していたことはよく知られている。しかし、エミシという民族が存在したわけでも、自称でもなかった。あくまで、律令国家が設定した名称である。東日本以北に残るアイヌ語地名からみて、エミシと呼ばれる人々のなかにアイヌ語を話す人々がいたことは推測されるが、アイヌの人々とエミシは同一ではない。

すでに触れてきたように、古代日本においては、このエミシに対して征服戦争が行われてきた。桓武朝の征夷については、第一章で述べたが、それ以降も部分的には続けられている。しかし、弘仁二(八一一)年に、いわゆる三十八年戦争が終結すると、それ以降は大規模な征夷はなかった。

征夷が行われた理由に小中華思想があったことはすでに述べたが、北の大地において、上流階級の人々が欲してやまない産物が生産されたこともあげられる。その第一は馬である。律令国家の主たる馬の生産は東国が担った。とくに、信濃・上野・甲斐・武蔵国には御牧《みまき》が置かれ、毎年一定数の馬が貢進され、天皇の御覧に供された(駒牽《こまひき》)。しかし、それより体軀もよく良質とされたのが「狄馬《てきば》」とも呼ばれた東北地方産の馬であった。こうした馬は一〇世紀には「陸奥国臨時交易馬」として定期的に貢上されるようになったが、上流貴族の贈答品として最高級であったとされる。

第二は金である。奈良時代に砂金が発見されて以降、陸奥国は金の一大産地となり、毎年貢物として納められ、外国商人との交易の代価としても用いられた。後に、平泉文化を開花させ、マルコ・ポーロによって日本が黄金の国ジパングとして西洋に紹介されるもとになったのは、この奥州産の金である。

第三は獣皮や海産物である。渤海の使節がもたらす獣皮が珍重されたことはすでに述べたが

(第二章)、エミシたちも羆《ひぐま》・熊・アザラシ・アシカなどの毛皮や昆布などを貢納していた。皇族・貴族にとって、獣皮は鞍・刀装具などの材料や敷物として、欠かせないものであった。

第四は鷹や鷲の羽である。これらの羽は加工され矢羽に用いられた。矢羽には模様によって種類があり、羽なら何でもよいというわけではなかった。また、生きた鷹自体も、鷹狩り用に訓練された。鷹狩りは、天皇と天皇から許されたごく一部の貴族のみのスポーツであり、平安時代の史料にはしばしばみられる。彼らにとって、調教されたよい鷹を手にすることは、非常に重要なことであった。

しかし、こうした産物を欲したのは王権だけではなかった。王臣家や貴族たちも使者を派遣し、直接エミシたちから手に入れようとした。馬の場合、その代価は綿(真綿)や鎧《よろい》であった。綿は防寒用の綿入れとして、鎧は農具に作り替えられたとしているが、もちろん武器としても用いられたであろう。延暦六(七八七)年以降、不当な交易はしばしば禁制されているが(『類聚三代格』など)、その効果はほとんどなかった。

特殊な物品として近年注目されているのが青森県五所川原市の五所川原窯産の須恵器である。この窯の製品は、本州よりも北海道で多く発見されており、北海道のエミシとの交易用として生産された可能性が指摘されている。北海道南部からかなり離れた場所でも見つかっており、エミシの内部でも、さらに交易が広範囲にわたって行われていたことも推測される。

元慶の乱

元慶二(八七八)年三月、野代《のしろ》など秋田城付近の一二の村々の俘囚《ふしゅう》(国家に帰順したエミシ)が突然反乱を起こし、秋田城や秋田郡家、それに民家などを焼き討ちする事件が起こった。元慶の乱である。その原因は、このところ続いた凶作、出羽介兼秋田城司であった良岑近《よしみねのちかし》の苛政、院宮王臣家の使者による良馬の収奪などであった。疲弊したのはエミシだけでなく、公民の三分の一までも奥地に逃げ入った程であったという。

これに対して、政府は出羽国司に鎮圧を命じたが失敗し、陸奥国に援軍を要請した。また、良吏として名高い藤原保則《やすのり》を出羽権守に任命して事態の収拾を図ろうとした。しかし、エミシたちは、秋田河(現在の雄物川)以北の独立を主張し対立を深めた(図5-3)。鎮圧軍は、陸奥国からの援軍も含めて五〇〇〇人にも達し、秋田城に集結して反撃の準備を整えていたが、エミシたちの不意打ちにあって大敗し、甲冑・食料・馬などを大量に奪われてしまった。

図5-3　元慶の乱関係地図

　こうした経緯をみていくと、エミシ軍は単なる寄せ集めではなく、指揮系統も確立した計画的な反乱であったことがわかるだろう。とくに独立を求めたことは注目される。鎮圧軍大敗の報告は直ちに飛駅《ひえき》(早馬)で都へ届けられた。公卿たちには大きな衝撃となり、ただちに合議が開かれ、小野春風《はるかぜ》を鎮守府将軍に任命した。彼は、陸奥権介の坂上好蔭《よしかげ》とともに、援兵を率いて戦場に赴いた。

春風は幼い頃から父で鎮守将軍であった小野石雄《いわお》に従って陸奥国で暮らし、「夷語《いご》」(エミシの言葉)にも通じた豪快な人物で、単騎でエミシ軍に入り、説得してまわったという。一方の好蔭は、坂上田村麻呂の子孫で武勇に優れていたらしい。鎮圧には、こうした適任者を選任したのであった。

八月に入ると、津軽と渡島《わたりしま》(現在の北海道)のエミシたちが政府側に味方するようになり、しだいに鎮圧されていった。当時、津軽半島、まして渡島には、国家の支配が及ばなかったため、苛政の対象になっていなかったこと、エミシといえども一枚岩ではなく、国家に対してさまざまな感情を抱く部族に分かれていたことが影響したのであろう。遠交近攻の典型的事例である。

謎の多い東北

元慶の乱以降、東北地方の歴史は、文献史料からはほとんどわからなくなる。その理由は、九世紀末までで正史(最後の六国史は延喜元(九〇一)年完成の『日本三代実録』)がなくなること、貴族が地方政治に対する関心を急速に失っていったことである。

ところが、考古学に眼を転じてみると、一〇世紀の東北地方が動乱期であったことがみえてくる。一〇世紀半ば頃から一般的な集落の数が減少し、代わって防御集落が現れてくる。環濠《かんごう》集落、囲郭《いかく》集落などとも呼ばれ、集落の周りに堀を巡らし、その土を外側に盛り上げて土手を作るのである。その目的についてはいろいろな見解があるが、弥生時代の環濠集落と同じく、外敵の侵入を防ぐためではないかと考えられている。こうした集落は、おおむね一二世紀はじめ頃までみられ、東北地方が戦乱の時代を迎えていたことを推測させる。例えば、青森市の高《たか》屋敷館《やしきだて》遺跡では、幅六メートル、深さ三・五メートルの堀と土塁で三方が囲まれ、背後は大釈《だいしゃ》迦《か》川の河岸段丘により守られ、その内部に集落が営まれている。

一方で、中央の文化の影響が色濃くみられる遺跡も知られるようになった。その代表的なものが青森市の新田《にった》(Ⅰ)遺跡である。この遺跡は、九世紀後半から一一世紀にかけての遺跡で、新城《しんじょう》川(新田川)の河口部に位置する。北海道を起源とする擦文《さつもん》土器、土師器・須恵器などのほか、木製の仏像、仏像の光背や塔身、斎串《いぐし》(祭祀に用いる木製品)、物忌《ものいみ》札(陰陽道で物忌の際に立てる告知札)などの宗教用具、檜扇《ひおうぎ》(貴族が用いる扇子)などの生活用品、荷札木簡など交易用品が出土した(図5-4)。その立地を考慮すれば、渡島との交易にかかわる遺跡ではないかと推測されている。

この時期には、本州最北端の当地は、いまだ国郡制に組み込まれていない、いわば国家の支配外の地であった。しかし、こうした地域にも、中央の文化はもたらされ、盛んに交易が行わ

図 5-4　木製の仏具・祭祀具.（左）仏像,（中）斎串,（右）塔身（青森県・新田Ⅰ遺跡）

れていたのである。

『新猿楽記《さるがくき》』には、東は「俘囚の地」から西は「貴賀《きか》の嶋《しま》」（喜界島）までを駆けめぐり、交易にかかわる商人として八郎真人《はちろうのまひと》なる人物が描かれている。ただちにこうした人物と関係づけるわけにはいかないが、列島の北端にこのような遺跡が出現したことは注目される。

北方のようすを文献からうかがうことは困難であるが、そこには豊かであると同時に、時には戦いも起こる世界が存在したことは疑いない。今後の発掘調査の進展によって、さらに多くの歴史が解明されることであろう。

3　将門・純友の乱

国司の土着

前章で述べたように、九世紀になると、地方社会では国司の土着が問題となった。彼らは五位などの高い位階を持っていたから、地方社会では貴種として尊ばれた。

そこで郡司たち在地の有力者も、競って彼らと婚姻関係を結ぼうとした。後に述べるが、平将門の祖父である高望《たかもち》王の子供たちが上総・下総・常陸国に広く居住していたのは、当時の婚姻形態、すなわち妻問《つまどい》婚により、王が各地の有力者のもとを訪れ、娘たちと関係を結んだためであろう。

一方、平安初期以来、国司は任期が終わると、新任国司との間で、交替事務を行わなければならなかった。任期中、税を規定どおり徴集し、欠損を生じさせていないか、国府や国分寺・神社をはじめとする建物を修理したかなど、厳密な事務引き継ぎ業務があり、新任国司の同意を得られなければ「解由《げゆ》状」と呼ばれる事務完了報告書を受け取ることができなかった。しかも一般的には、欠陥があるとして「不与《ふよ》解由状」を発給され、俸給から補塡するのが通例であった。また作成された文書も勘解由使《かげゆし》に提出され厳しい審査を受けた。

さらに、交替事務を完了したとしても、上流貴族とのコネがなければ、順番待ちを強いられ、次の職務にもなかなか就けないという厳しい現実もあった。こうなれば、都に帰るよりは、在地で婚姻関係を結び農業や商業を営む方が得策ではないか。こうして土着国司が誕生したのである。

しかし、彼らの土着は、多くの問題を引き起こした。元慶八(八八四)年の上総国では、土着国司が武力集団を結成し、公民の農業を妨げたり、現任国司と対立し、納税を拒否しているこ

図5-5　平将門関係地図

とが告発されている。おそらく、田地を集積し、高い地位を利用して、非法な活動を展開していたのであろう。前章で指摘した中井王はこの典型である。

平将門の乱

こうした土着国司の広がりは、一〇世紀に起きる列島規模の動乱の前触れであった。

東アジア世界のなかで、一〇世紀には唐をはじめとする諸国が解体・再編されたが、日本でもその時期、大きな内乱が起こった。その代表的なものが平将門の乱と藤原純友の乱である。

将門は桓武五代の子孫である。祖父高望王は、九世紀の末頃、上総介として下向し、そのまま坂東に土着したらしい。将門の本拠地は下総国猨島《さしま》郡で（現茨城県坂東市、図5－5）、父良将《よしもち》は鎮守府将軍であったが、将門が一人前になる前に亡くなった。将門は若くして藤原忠平のもとへ出仕していた。

将門の乱は、大きく二つの段階に分けることができる。第一段階は、平氏一族内での内紛である。ところが、将門の乱の基本史料である『将門記』の巻首の部分には欠落があり、内紛のようすを詳しく知ることはできない。『将門記』を省略した『将門記略』や『今昔物語集』を参考にすれば、将門は、伯父で下総介であった平良兼《よしかね》と「女論」により不和となり、ついで同じく伯父で常陸大掾《だいじょう》の平国香《くにか》らと、土地争いを起こしたことが発端となり、争論に発展したようだ。「女論」とは、良兼の娘と将門の結婚に良兼が反対したこと、土地争いとは父の遺領を巡る相続争いと推測される。将門は、一族内の者たちとしばしば合戦に及び、ついに国香は戦死する。良兼らは将門を都に訴えたが、将門は恩赦により罪を問われなかった。

この頃、武蔵国では武蔵権守興世《おきよ》王・武蔵介源経基《つねもと》と、足立郡司で判官代《はんがんだい》(在庁官人の一つ)でもあった武蔵武芝《たけしば》が紛争を起こしていた。『将門記』によれば、将門は弱い者を助ける性格であったという。彼はこの紛争を鎮め、興世王と武芝の和睦を仲介した。しかし、経基は、武芝の兵に囲まれたことをきっかけにして、将門・興世王の謀叛を政府に訴えた。

一方、常陸国には、広大な田地を耕作しながら一切官物を納めず、国府の使者が来れば暴力を振るう藤原玄明《はるあき》という人物がいた(一五四頁)。代々の国司は彼に手を焼いてきたが、常陸介藤原維幾《これちか》は、罪状を集めて彼を政府に訴えた。その結果、追捕官符(捕縛のため兵を動かすことを許可した太政官符)が下された。さしもの玄明も今度ばかりは抵抗できず、将門のもとに身を寄せることになった。

ここで注目しておきたいのは、常陸国司が玄明に連絡を取る際、「移牒《いちょう》」という様式の文書を使用した点である。古代の公的な命令伝達は、公式令《くしき》とよばれる令の一編目に収められている様式を用いることになっていた。この場合、「移」も「牒」も、上下関係のない同等の相手に対して用いられる様式なのであった。玄明は、常陸国に居住していたのであるから、常識的に考えれば、常陸国の実質的な長官である常陸介の方が上位と考えられる。しかし、現実は異なっていた。これは、玄明が都のしかるべき貴族と主従関係を結び、その権威を笠に着ていたためと考えられる。

後には、将門に対しても「移牒」が用いられるが、その理由は、将門が藤原忠平と主従関係を結んでいたためであろう。いわば、両人とも、延喜の荘園整理令にみられる院宮王臣家の家人の立場であったといえる。

国家への謀叛

天慶二(九三九)年一一月、将門は、玄明の赦免を要求するために、常陸国府に向かった。ここからが、将門の乱の第二段階、すなわち国家に対する謀叛になる。『将門記』によれば、当初、将門は国府とことを構えるつもりはなかったというが、国府側では武器を手にして合戦を挑んできた。国府には、玄明を追い込んだ常陸介藤原維幾《これちか》とその子為憲《ためのり》、それに将門の宿敵貞盛《さだもり》(国香の子)が立てこもっていた。将門も応戦しつつ、ついに国府を占領してしまった。国府は、政府の出先機関であるから、これは明らかに謀叛であった。

これ以降、将門は下野国府・上野国府を皮切りに、国司を追放して坂東八カ国を占領してしまう。また、下総国に王城(都)を建てて、左右大臣以下の官人を任命し、坂東の国司に配下の者を任じ、坂東に独立王国をつくろうとしたという。さらに、上野国府では、巫女に八幡大菩薩の託宣があり、菅原道真の霊魂を仲立ちとして、将門に皇位を授け、新皇《しんのう》と自称したとする。

この内容は『将門記』のみにみられるものであり、従来、あまりにも荒唐無稽で、史実ではないと考えられてきた。しかし、常陸国府の占領以降、将門の敗死まで、坂東諸国からは直接情報が発信されず、駿河・甲斐・信濃国などの坂東に接する国々から間接的に伝えられた記録しか残っていない。このことから坂東の国府が機能停止していたことが推測され、将門の支配領域についていえば、史実と考えられる。

また、託宣事件については、将門が一族と内紛を起こしていた頃の常陸介が道真の子兼茂《かねもち》で、父の霊魂と会話をしたとの噂が過去にあったこと(『李部王記《りほうおうき》』)、当時、八幡信仰が都で大流行していたことなどから、十分史実の可能性が考えられる。こうした点については『将門記』を基本的に信用してもよい。

叛乱の結末

それではこの謀叛に対して、都の対応はどのようなものだったのであろうか。常陸国府占領の第一報は、一二月二二日、都に届いた。さらに上野・下野国府の占領については二九日に伝えられた。しかもこの時、瀬戸内地域では藤原純友が都を目指して侵攻中であり、律令国家は東西から挟み撃ちされる形となった。公卿たちは正月も返上で策を練り、天慶三年元旦には東西の追捕使が任命され、一一日には将門を討った者には五位以上の高位と功田《こうでん》を約束する太政官符が下された。また、一四日には平貞盛と下野国の豪族藤原秀郷らを東国の掾(国司の三等官)に任命し、軍事指揮権を持つ押領使を兼任させた。

さらに、一八日には、藤原忠文《ただふみ》を征東使の長官である征東大将軍に任命した。征東大将軍とは時期によっては征夷大将軍ともよばれ、天皇に代わって現地で軍隊の指揮をとる権利を有し(軍事大権)、そのシンボルとして節刀を下賜された。九世紀初頭から、一二世紀終わりの源(木曽)義仲《よしなか》まで、征東大将軍が任命されたのは将門の乱の時のみである。国家がいかに将門を恐れていたのかがよくわかる。

ところが、将門は正月下旬に兵士を解散させてしまった。その理由は、当時の兵士の性格に求められる。当時の一般的な兵士は、基本的には農民であり、農閑期に限って兵士として従軍した。したがって、当時の大規模な戦争は、基本的には秋から冬にかけてであり、春には軍役から解放して農作業の準備を行わせなければならなかった。

この隙を突いたのが、藤原秀郷と平貞盛であった。そもそも秀郷は、罪を犯して配流され、また追捕されたことのある人物である。まかり間違えば、将門と同じ道を歩んだかもしれない人物であった。

『将門記』によれば、秀郷は戦略に長け、二月中旬、襲いかかった将門の部下を蹴散らした。

その勢いに乗って将門の本拠地（猨島郡）に攻め寄せ、徹底した焼土作戦を敢行した。そして二月一四日の戦闘で、将門はあっけなく矢に当たり落命したのであった。将門軍は、総崩れとなり将門の乱は鎮圧された。

将門の首は都へ持ち帰られ、史上はじめて市《いち》に晒された。また、鎮圧に功績のあった人々には高位高官が与えられた。この戦いが武士の発生を促すことになるが、それは次節で述べることにしたい。

藤原純友の乱

この将門の乱とほぼ同時に起きたのが、西日本を中心にした藤原純友の乱である。従来、この二つの内乱を称して、承平《じょうへい》・天慶の乱と呼んできたが、本来、天慶の乱と呼ぶのが正しいことが明らかになってきた。将門の乱については、承平年間は一族内での内紛であり、国家に対する叛乱でないことは明らかである。

また、承平年間の純友についても、従来とまったく逆の解釈がなされるようになった。『日本紀略』承平六（九三六）年六月条には、

南海賊徒首藤原純友、党を結び、伊予国日振島《ひぶりじま》に屯聚《とんしゅう》し、千余艘を設け、官物・私財を抄《しょう》却《ごう》す。

とあり、承平六年段階から純友が海賊の首領であったかのように書かれている。ところが、純友が反乱を起こした段階での伊予国の解(上申文書)には(『本朝世紀』天慶二年一二月条)、

前《さき》の掾藤(原)純友、去る承平六年、海賊を追捕すべきの由、宣旨《せんじ》を蒙《こうむ》る。

とみえ、承平六年段階では、海賊の頭目ではなく、逆に海賊を鎮圧する命令書(追捕宣旨)を受け取っていたとある。問題は、どちらが正確な史料なのかという点であるが、『本朝世紀』は、『外記日記』(太政官で文書の作成などに当たっていた外記が職務上つけた日記)を素材にした国史であり、直接伊予国の解に依拠した可能性が高い。こうして、承平年間の純友像は、一八〇度転換し、海賊鎮圧側にいたことが明らかになった。承平六年の海賊は伊予守紀淑人《よしと》の仁政により平和裡に鎮圧されたが、この時以来、純友と海賊の間に主従関係が築かれた可能性が考えられる。

瀬戸内海は、古来から海上交通が盛んであった。米のような重い貨物は、陸路を用いるより、船で運搬する方が便利であり、波の比較的静かな瀬戸内海は、その点最適であった。ところが、ここに目をつけたのが海賊であった。九世紀中頃から出没するようになり、しばしば追捕の対象となった。ひどい場合には、被害が頻発して、都へ物資が運べなくなったという。その海賊の多くは、小島を根拠にし、通りかかる船から掠奪行為を働いたのである。

純友は長良《なが ら》流の藤原氏の生まれであった。伯父で伊予守であった元名《もとな》の推薦により伊予掾に任じられたのであろう。しかし、一度は追捕側に立った純友が、なぜ反乱を企てたのかはよくわかっていない。天慶二(九三九)年一二月二一日、彼は紀淑人の制止を振り切って、突然、兵を率いて海に漕ぎだした。彼のこの行動は、周囲の者にも驚かれたという。

きっかけとして一つ可能性があるのは、その年の閏七月に、備前介に藤原子高《さねたか》という人物が任じられたことであろう(『本朝世紀』)。これに先だって宣旨が下されているが、おそらく追捕宣旨であって、海賊を鎮圧するために子高は任命された可能性が高い。一二月には、純友の一味であった藤原文元《ふみもと》が彼を捕らえ、『純友追討記』(『扶桑略記』所引)によれば、耳を削ぎ鼻を割るという残忍なリンチを行ったというから、子高に対してかなりの憎悪を募らせていたと考えられる。あるいは、子高が海賊に対して徹底した追捕活動を展開したために、海賊たちの恨みを買い、主従関係を築いていた純友と海賊が反乱に踏み切ったのかもしれない。

ここで注意しておかなければならないのは、将門と純友の関係である。古来から、将門と純友は呼応して反乱を起こしたのではないかとの見解がある。この説は信頼できる史料からは裏づけられないが、純友が将門の叛乱を考慮して、反乱に踏み切った可能性は十分考えられるだろう。いずれにしろ、政府は東西から反乱軍の挟み撃ちにあうという未曽有の危機に直面することになった。

こうした事態に対して政府は、前述したように、当面将門対策を優先させた。純友に対してはむしろ融和策を講じ、天慶三(九四〇)年二月には純友を五位に叙すことにし、純友も「悦び状」を提出している。また政府は、純友軍の有力者に官位・官職をちらつかせて離反を促し、逆に将門討伐軍に組み込んでいった。まさに一石二鳥のしたたかさである。

純友包囲網

しかし、こうした小康状態も長くは続かなかった。二月下旬に将門の敗死が伝えられたからである。以後、急速に純友包囲網が整えられていく。三月には追捕南海凶賊使が任じられ、六月には追捕官符が出された。

また、将門の乱の殊勲者もこの鎮圧に投入された。六月には平貞盛が出陣し、将門の謀叛を最初に訴えた武蔵介源経基は大宰小弐兼警固使、一一月には相模掾で押領使であった橘遠保《とおやす》が伊予国警固使に任じられた。将門の早すぎる死は、純友にとって大きな誤算であったであろう。

だが、純友たちも奮戦した(図5－6)。八月には船団をもって伊予・讃岐国に攻め込み、一〇月には安芸《あき》・周防《すおう》国の軍も討ち破り、一二月には土佐国に焼き討ちをかけた。そして、ついに翌天慶四(九四一)年五月には、大宰府を襲い、観世音寺とともに炎上させた。近年、大宰府の発掘が進んでいるが、この時のものと思われる焼土が広範囲にわたって出土している。

しかし、大宰府の戦いは一つの転機となった。追捕使小野好古《よしふる》の活躍によって、博多の津で

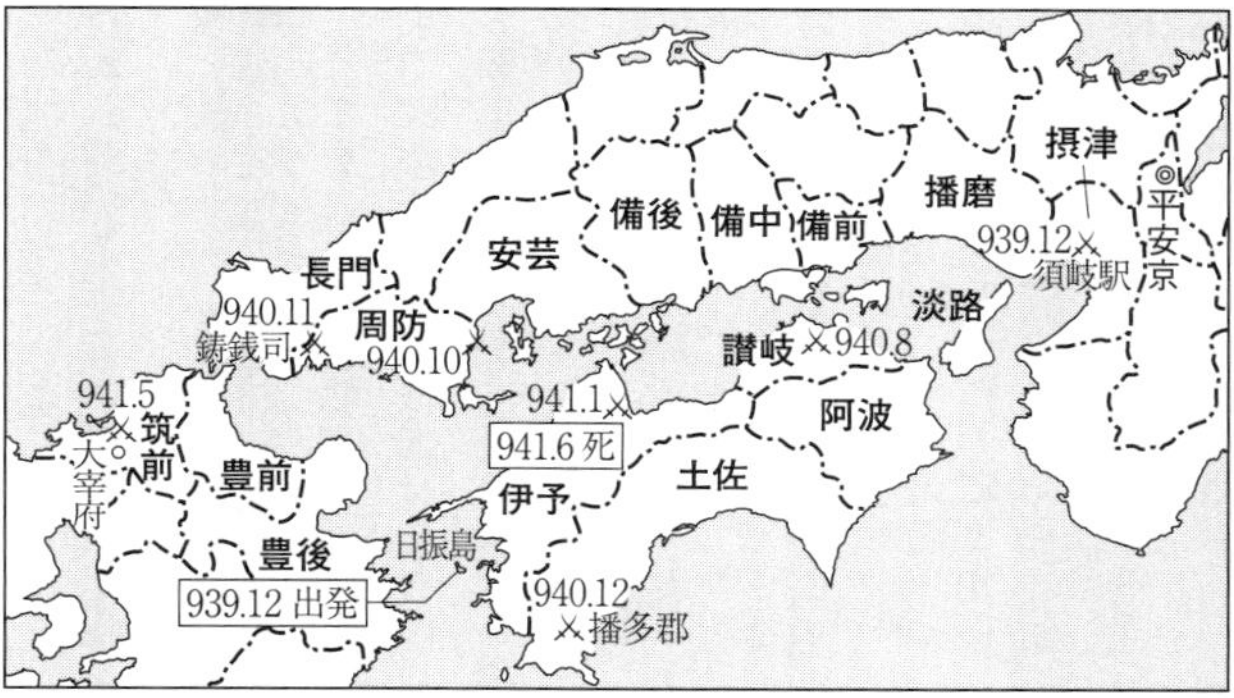

図5-6　藤原純友関係地図

純友軍は敗北したのである。その後しだいに劣勢となり、ついにその年の六月に、純友・重太丸《じゅうたまる》父子は、伊予国で警固使橘遠保によって討たれた。また、有力な部下であった藤原文元も、落飾し落ち延びる途中、但馬《たじま》国で討ち取られた。こうして純友の乱も鎮圧された。

4　武士の誕生へ

将門の乱の影響　結果的に政府の鎮圧によって終結したとはいえ、天慶の乱が残したものは、決して小さくなかった。

平安京の鎮護を目的として、貞観元(八五九)年、宇佐八幡から勧請《かんじょう》された石清水八幡宮が山城国の南に鎮座した。歴代の天皇の尊崇を集めていたが、天慶の乱の際には、とくに朱雀天皇によりその討滅がたびたび祈願されている。そのため鎮圧後、返礼として、祭儀が天慶五(九四二)年に行われ、天禄《てんろく》二(九七一)年以降恒例となり、一時中断したものの現在も行われている。これを石清水臨時祭と呼んでいる。

また、天慶の乱の記憶は、その後も長く貴族に残り続けた。安和二(九六九)年、左大臣源高明が、突然大宰権帥に左遷される事件が起こった。安和の変である(第四章)。この時の宮中のようすを『日本紀略』は「禁中の騒動、殆ど天慶の大乱の如し」と書き綴っている。おそらく、東では将門が東国の国府を占領し、西では純友が突然反乱に乗り出した天慶二年一二月下旬から翌年の正月にかけての状況を念頭に置いているのであろう。

治承《じしょう》四(一一八〇)年、源頼朝《よりとも》が伊豆国で挙兵した時、そのことをはじめて耳にした右大臣藤原兼実《かねざね》は、頼朝の名前さえ知らない段階で、自身の日記『玉葉《ぎょくよう》』に、「彼《か》の義朝《よしとも》の子、大略謀叛を企つるか。宛《さな》がら将門の如し」と書いている。さらに、南北朝期に至っても、兵乱による儀式の中止の先例として、しばしば天慶の乱を引き合いに出している。

頼朝の挙兵は将門の乱から約二五〇年、南北朝の動乱に至っては、実に四〇〇年以上の年月を経ている。これらのことから、王権にとって兵乱や不吉な大事件が起きると、貴族たちは即座に将門の乱を想起したことがわかる。いわばトラウマとして、貴族たちは乱の記憶を子々孫々にまで語り継いでいたのである。天慶の乱は、一過性の反乱ではなかった。そして、この記憶こそが武士を誕生させる原因になったといっても過言ではない。

武士の誕生

日本の歴史のなかで武士の存在はきわめて大きい。筆者は、その成立の契機を将門の乱に求めている。その理由について、ここで整理しておきたい。なお、「武士」という言葉は、すでに八世紀の前半『続日本紀』に現れるが、文官に対する武官という意味で、いわゆる武士とは異なっているので、ここでは除外する。

これまでの研究史において、武士の誕生については二つの見解がある。一つは、地方の在地社会のなかから誕生したという見解である。地方社会の治安は、国郡司によって維持されていたが、平安中期になり、国郡司が変質するに従って治安が悪化した。そこで、荘園経営者たちは、自衛を迫られることになり、そこから武士が発生したというのである。これを在地領主制的武士論と呼ぶ。

一方、近年、有力になってきたのが職能制的武士論である。武士を職能の一つと考え、武士を認知したのは王権であり、武士は平安京の治安維持のために誕生したとする見解である。筆者もこの考えに賛同する。

しかし、単に武勇が優れていれば、武士と認知されたわけではなかった。平安中期の盗賊としてよく知られている袴垂《はかまだれ》がつけ狙った藤原保昌《やすまさ》について、『今昔物語集』では、肝も据わり、力も強かったにもかかわらず、彼は「家ヲ継ギタル兵《つわもの》ニモ非ズ」と説明している。代々武士を輩出した「家」に生まれたわけではないと評しているのである。

また、左衛門尉藤原範基《のりもと》という者が殺人の嫌疑を掛けられた際、藤原実資は、自身の日記『小右記《しょうゆうき》』のなかで、範基が武芸を好むことは万人が許さないとした上で、その理由を「内外共に武者の種胤に非ず」と述べている。父親の家系も母親の家系も武士ではないから武芸を好んではならないというのである。つまり、力や戦いに強ければ誰でも武士になれたわけではないことになる。

ならば、「家ヲ継ギタル兵」「武者の種胤」とは何を指すのか。それは端的にいえば、平貞盛や源経基の子孫ということであった。一〇世紀末には、都の治安が乱れ、その鎮圧のために初期の武士、源満正《みつまさ》・頼光《よりみつ》・頼親《よりちか》・頼信《よりのぶ》、平維叙《これのぶ》・維将《これまさ》・維衡《これひら》らが派遣された。彼らはいずれも前記二人の子孫である。

とくに注目したいのは、貞盛の家系である。『今昔物語集』によれば、貞盛は自分の子のみならず、甥なども自分の養子にしたというが、みな「維」の字を通字に用いている。このことは、一〇世紀末頃、貞盛の近親の平氏がイエを形成したことを示していると思われる。筆者は、この時期をもって武士の発生とみたい。

ではなぜ、この二つの家系に限定されたのであろうか。それは、この家系が将門の乱を鎮圧したからであると思う。前に将門の乱が貴族の間に記憶し続けられたことを述べたが、その裏返しとして、将門の乱を鎮圧した一族に、貴族たちが悪を避ける「辟邪《へきじゃ》の武」(悪を除く武力)を感じ取ったからではなかろうか。

一方、秀郷流藤原氏は、秀郷の子千晴が安和の変に連座し(第四章)、武士の棟梁になることはなかった。しかし、この一族は、北の守りの要である鎮守府将軍に代々任じられた。鎮守府は、延暦二一(八〇二)年以降、多賀城から現在の岩手県奥州市にある胆沢城に移され、その長官が鎮守府将軍である。その職は、北方の守りとして重視され、源氏・平氏などとともに、秀郷流藤原氏も代々任じられた。その理由として、王権が秀郷流藤原氏に対してもまた、「辟邪の武」を感じていたと考えれば説明がつく。

将門の乱は、将門自身が武士の先駆けとなったわけではないが、皮肉にもその鎮圧者のなかから武士が発生したと考えておきたい。

図5-7　初期の武士のすがた(『将軍塚絵巻』)

武士の実像

発生期の武士の実像はどのようなものだったろうか(図5-7)。当時の武士は、院政期以降のように、特定の貴族と主従関係を結んでいたわけではなかった。例えば、前に触れた平維叙は藤原実資・藤原道長両者と主従関係を結び、その家司となっていた。当時、摂関家は、任国からの収入に期待して家司を受領に任命することが多かった。例えば藤原兼家の家司となった源頼光は、永延《えいえん》二(九八八)年、兼家邸の新築祝いの際、馬三〇頭を贈っている(『日本紀略』)。桁外れの規模であったため、記録に残されたのであろう。この他、武士が数頭の馬を摂関家に贈ったことは、『小右記』『御堂《みどう》関白記』などに頻出する。こうした財物は受領の任国で調達し、主家に納入されたのである。

ただし、彼らは都だけで生活しているわけではなかった。例えば、平維衡(伊勢平氏の祖)についていえば、伊勢国に本拠を持ち、都で検非違使を務め、諸国には受領として赴任したが、伊勢国と無縁になることはなかった。伊勢国で荘園を経営したり、郎等《ろうどう》(家臣)を育成したりすることで、都で活躍する武士の経済的・人的基盤としていたことが推察される。清和《せいわ》源氏と摂津国多田荘の関係も同様であっただろう。

また、武士は、坂東や陸奥・出羽国の受領、鎮守府将軍、出羽介(秋田城介)などにも積極的に任命された。彼らはエミシたちと接するなかで、武術的技量も高めていたと思われる。

ここで確認しておかなければならないのは、当時の武士は、例えば「武士道」という言葉で語られるような近世以降の武士のあり方とは、まったく違うということである。現代社会で、武士というと何か「潔さ」を感じる方も少なくないのではないかと思う。しかし、記録に残された当時の実態としての武士像とは開きがある。例えば、戦前の国史教科書では英雄として扱われていた源義家《よしいえ》(八幡太郎義家)は、後白河《ごしらかわ》法皇が編纂した今様《いまよう》集『梁塵秘抄《りょうじんひしょう》』のなかでは、

鷲の棲む深山《みやま》には　並《な》べての鳥は棲むものか
　　同じき源氏と申せども　八幡太郎は怖しや

と詠われている。義家を鷲に例え、普通の人は義家と交わりを持たない。光源氏と同じ源氏だといっても、源義家は何と恐ろしいのだろうか、との意味である。この他にも、義家は、「多く罪なき人を殺す」とも評されている(『中右記』嘉承《かじょう》三(一一〇八)年正月条)。このような評価は、何も義家だけのものではない。

武士とは一種の殺し屋でありながら、武力を必要とした都の人々に、眉をひそめられながらも用いられた必要悪であったといえるだろう。

第六章　都鄙の人々

1　人々のくらし

貴族の家

天元五(九八二)年、文人貴族として著名な慶滋保胤《よししげのやすたね》が著した『池亭記《ちていき》』は、平安時代中期の平安京のようすを示す史料として知られている。それによれば、この頃には右京が荒廃し、左京が繁栄していたという。この点は有力な貴族の邸宅が、左京に比較的集まっていたことからも推測できる。それでは右京の荒廃が激しいものであったかというと、近年の発掘調査の成果は否定的である。ある程度の人家が存在したのである。

平安時代の貴族の邸宅というと、池の周りに建物(対屋《たいのや》)が配される寝殿造《しんでんづくり》がすぐ浮かぶが、これは摂関期以降の住居形態であり、平安時代初期のものとは相違する点も多い。どのような展開を経て寝殿造が成立したのかという点はまだよくわかっていないが、この時期の貴族の邸宅のなかにその要素を見出すこともできる。

例えば、九世紀中頃のものとみられる右京六条一坊五町の邸宅では(図6-1)、まだ、寝殿造にみられるような池は配されていないが、南半中央に正殿があり、北の対屋、西の対屋、東の対屋、東北の対屋がそれを取り囲んでいる。そして、正殿と西の対屋、また、北の対屋、東北の対屋・東の対屋は、それぞれ廊《ろう》で結ばれているなど、寝殿造に発展・継承される部分もみられる。

一方、北側には雑舎《ざつしゃ》群が配され、家の事務を司る政所《まんどころ》、炊事をする厨屋《くりや》、飯を炊く大炊屋《おおいや》、倉、井屋（井戸）などに相当するものが配されていたが、建物の規模、質としては南より劣っていた。柵を境界として、南半は主人が住まうハレの空間、北半は使用人が住まうケの空間として区別されていたのである。

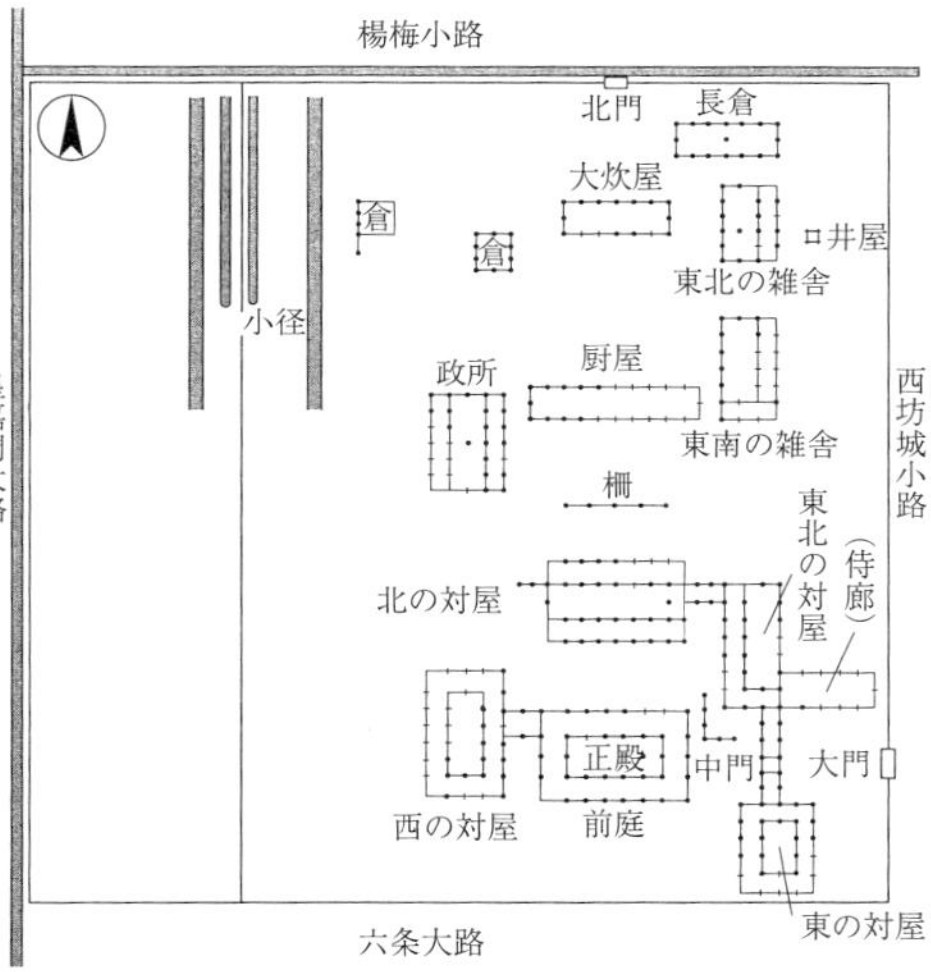

図 6-1　対屋が配された平安京・右京六条一坊五町の邸宅（一部改変）

　珍しい邸宅としては、斎王邸《さいおう》がある。右京三条二坊一六町にあり、九世紀後半から一〇世紀の前半頃に造られたと推測されている。一般的には、邸宅の主の名は明らかにできない場合が多いが、この場合は、「斎宮《さいくう》」などと書かれた墨書土器が出土したため、具体的な人名まではわからなかったが、斎王の邸宅であったことが判明した。斎王とは、伊勢神宮に仕える皇室出身の未婚の女性のことで、占いによって決定され、身内に死者が出ると交替した。伊勢に下向する前に斎王が住んでいたのがこの邸宅であった。

まず、注目されるのは、宅地北西部の庭園と邸宅の関係である。現在も湧き続ける泉を中心として楕円形の池が造られ、その上に一部張り出すように建物(泉殿《いずみどの》)が建てられた。一部の柱は池の上につきだした石の上に立てられた。この辺りが、斎王の居住区域であったらしい。池には、砂浜をあらわす洲浜《すはま》と、庭石(景石《けいせき》)を置き岩礁海岸を示す荒磯が人工的に造られた。

斎王が生活していたと考えられる空間は、建物で囲まれていた。おそらく当時は植え込みや垣根などもあり、いっそう閉鎖的な空間であっただろう。清冽な湧水といい、清浄さを求められた斎王にふさわしい場所である。

一方、「斎雑所」との墨書土器からみて、南半分は雑舎群に当たろう。斎王に奉仕する身分の比較的低い「雑色人《ぞうしきにん》」が生活し、斎王の食事を作るなど、斎王の日常生活を支える人々の生活空間であったと推測される。建物の規模・質も北側より劣っている。

ケガレ観念の広がり

当時の価値観において、斎王邸の清浄な環境と対極におかれたのがケガレである。死は、すべての民族に忌み嫌われることであるが、古代日本では死をはじめ、人間が嫌悪感を催すものが強く意識され、ケガレとして位置づけられた。

こうした人間の感情がどのように現れたのかという点は歴史的に解明しにくいが、式の記載からある程度知ることができる。天長七(八三〇)年に施行された『弘仁式』では、人間や家畜の死のケガレ、出産のケガレ、食肉、弔問・病気見舞いのケガレなどが規定されている。ところが、貞観一三(八七一)年に施行された『貞観式』では、『弘仁式』より項目が増え、女官の妊娠や月事、失火、流産、重要な祭祀の日の僧尼の出仕、そしてケガレの伝染についての記載も加えられ、『延喜式』に継承された。

こうしたケガレ観念が広がった理由はいくつかある。まず、仏教の影響である。経典のなかには、女性に生まれたこと自体が罪業だとするものがあり、もともと存在した血に対するケガレ観に、女性に対するケガレ観が上積みされたと考えられる。ついで、神祇信仰との関係である。延暦二三(八〇四)年に編纂された『皇大神宮儀式帳』には、忌み言葉が定められ、伊勢神宮関係では、「死」はナオル、「血」はアセなどと言い変えていたという。こうした神祇信仰の場での忌み言葉の意識もケガレの発生と密接に関係していたであろう。また、住居が密集した平安京では火災による被害が大きく、疫病などにより、放置された死体や人骨が散乱していたこと(第三章)も影響しているだろう。

ケガレの特異な点は、伝染すると認識されていたことである。Aという人物がケガレとされ、BがAの場所に行くとBもケガレと判断された。その後、CがBの場所に行くとCもケガレとみなされた。二段階の伝染があると認識されていたのである。九世紀の史料にはあまりみえないが、一〇世紀末以降の貴族の日記には、しばしばこの実例をみることができる。

また、ケガレの成立には対外関係観も影響していた。第二章で述べたように『貞観儀式』の追儺の項では、東は陸奥国より外、西は遠値嘉《おちかの》島より外、南は土佐国より外、北は佐渡国より外の地は、穢れた疫鬼の住処であると述べている。こうした観念の発生には、九世紀以降、新羅との関係が悪化したことにともなって（第二章）、天皇の支配地以外はケガレに満ちた世界であるとの認識が広まったことが関係する。

また、天安二（八五八）年に幼帝である清和天皇が即位し、以後、幼少の天皇が出現するようになると、天皇に清浄観が付与されるようになり、天皇が人前に姿をみせなくなったことも影響しているだろう。天皇の不可視化は、ケガレ感覚の増大と表裏の関係にあったといえる。

院政期以降、こうしたケガレ観はさらに増幅され、「非人」集団（賤民の身分集団）が形成されて、清掃や死体処理をともなった「キヨメ」を行うようになるが、平安前期においては、そこまでは至っていない。

シダラ神の入京

一方、都市民の心のなかに御霊信仰が入り込んだことはすでに述べたが（第三章）、こうした恒常的な信仰とともに、民衆の信仰には、突然流行するものもあった。その典型が天慶八（九四五）年七月、上洛したシダラ神（志多羅神《しだらのかみ》。小藺笠神《こいがさがみ》ともいう）である。この神については、興味深い出自と形態の記録が残されている。摂津国からの報告によれば、シダラ神をのせ、民衆に担がれた三基の神輿《みこし》は、筑紫国から順次民衆に送られながら上京したもので、今、摂津国を通り都を目指している。それぞれの神輿には「自在天神《じざいてんじん》」「宇佐春《うさはる》王三子《おうさんし》」「住吉神」と書かれた額が掲げられ、民衆は御幣《ごへい》を捧げ、鼓を打ち歌舞しながら列をなして行進しているというものである。

「シダラ」とは手拍子のことで、熱狂する民衆が手拍子をしていたことに由来する。また、小菅笠神ということから、人々は菅笠《すげがさ》のような植物性の笠を被って踊っていたことが想定される。民俗学的に言えば、笠を用いるのは神を憑依させるためであり、阿波踊り・佐渡おけさなどと共通する。

こうした民衆運動が起きた原因は、よくわからないことが多いが、筆者は、祭りの形態や季節、配流先の大宰府で亡くなった菅原道真への信仰(自在天神)が含まれていることから、九州地方の「虫送り」が原型ではないかと考える。虫送りとは、毎年夏に、稲の害虫、転じて村の災いを藁人形や神輿に憑依させ、河川・海に流したり、焼いたりして災いを払う民俗行事のことで、御霊信仰とも深い関係にあり、現代でも多くの場所で行われている。

ただし、それと同時に、「月は笠着る　八幡は種蒔く　いざ我等は　荒田開かん」などという歌が謡われていた点も重要である。本来、シダラ神信仰が農村に根ざしていた点を、明確に知ることができるからである。この時期疫病や飢饉が続発し、数年前には平将門の乱や藤原純友の乱が起きていた。これらにより農村が疲弊し、田地も荒れ果てていたに違いない。それを「さあ、我々は荒田を開こう」と叫び、農村を復興しようとする強い意思もこの運動のなかにはっきり見てとることができるのである。

御霊信仰の場合、御霊を手厚く祀れば福の神に転じると考えられており、シダラ神もまた、移動する過程で豊前国の宇佐八幡、摂津国の住吉社を取り込んで、福の神、すなわち復興のシンボルの位置づけを与えられたのではあるまいか。

結局、とある女性に「吾は早く石清水宮へ参ぜん」との託宣が降り、シダラ神は石清水八幡宮に鎮座し、摂社の一つとなった。しかし、ここで謡われた歌は、近年までいくつかの神社で行われてきた「田遊び」(新春、その年の豊作を祈って神社で行われる予祝儀礼的祭祀)のなかで、謡われてきたことが知られている。シダラ神上洛事件は、単なる一過性の事件ではなく、長く民衆の心に刻まれる大きな事件であった。

農村の生活

それでは平安時代の地方社会では、民衆はどのように暮らしていたのであろうか。

東国に例を取れば、竪穴《たてあな》式住居と掘立柱《ほったてばしら》建物の組み合わせによって集落をつくり、集団生活を営んでいたことが知られている。しかし、具体的な生活のようすについては、復元することが困難である。

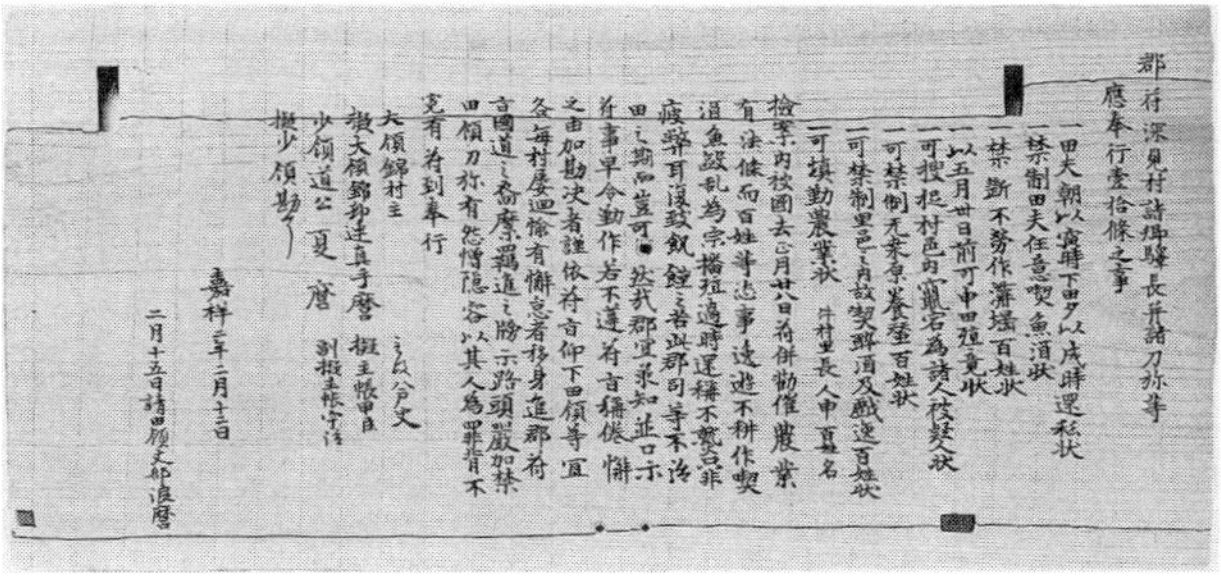
郡符深見村諸郷駅長并諸刀祢等
応奉行壹拾條之事
一田夫朝以寅時下田夕以戌時還私状
一禁制田夫任意喫魚酒状
一禁断不労作溺酒百姓状
一以五月卅日前可申田殖竟状
一可捜捉村邑内竄宕為諸人被疑人状
一可禁制无桑原養蚕百姓状
一可禁制里邑之内故喫酔酒及戯逸百姓状
一可填勤農業状　村里長人申百姓名
検案内被国去正月廿八日符併勧催農業
有法条而百姓等恣事逸遊不耕作喫
酒魚殴乱為宗播殖過時還称不熟只非
疲弊耳復致飢饉之苦此郡司等不治
田之期而豈可然哉郡宜承知並口示
符事早令勤作若不遵符旨称倦懈
之由加勘決者謹依符旨仰下田領等宜
各毎村屢廻愉有懈怠者移身進郡符
旨国道之裔縻羈進之牓示路頭厳加禁
田領刀祢有怨憎隠容以其人為罪背不
寛有符到奉行
大領錦村主　主政八戸史
擬大領錦部連真手麿　擬主帳甲臣
少領道公　夏麿　副擬主帳宇治
擬少領勘了
嘉祥二年二月十二日
二月十五日請田領丈部浪麿

図 6-2　牓示札(復元，石川県・加茂遺跡)

こうしたなかで，当時の農民生活を知るうってつけの資料が石川県津幡町《つばたまち》加茂《かも》遺跡から出土した。それは嘉祥二(八四九)年二月一二日の日付けを持つ牓示札《ぼうじさつ》である(図6－2)。牓示札とは付近を通行する人々に命令などを告知する木製の板のことである。

出土した場所は古代の北陸道と河北潟《かほくがた》に通じる大溝《おおみぞ》の交点近くにあり，文面から付近に駅家《うまや》が存在したこともわかる。まさに陸上交通と河川交通が接する交通の要衝である。

内容は，郡司が加賀国の符(下達文書)を受けて，深見村や駅長・刀禰《とね》(在地の有力者)に命令を下す形式をとり，全八条から構成されている。第一条では，農民は，寅刻《とらのこく》(午前四時頃)に仕事に出かけ，戌刻《いぬ》(午後八時頃)に帰宅することが決められている。労働時間にして一六時間。何とも長時間労働である。第二条では農民が酒や肴を勝手に食べることを禁止するが，農民の贅沢を禁止することが目的ではない。田植えは短期間に行わなければ稲の生育にばらつきが出て管理が困難になる。そこで、富豪は、多くの人手を集めるために、酒や肴を用意したのに対して、零細な農民はそれができないため田植えの時期を逸してしまい、収量が減ることが問題とされたのである。この一条から、農村でも貧富の差が拡大していたことがわかる。

第三条は溝や堰《せき》(灌漑施設)の修復を行うこと、第四条は五月末までに田植えを終えることを命じる。田植えの時期を規定した理由は、第二条とも関係し、米の出来高を確保しようとしたものと考えられる。近年、古代にあっても稲の品種が存在することが種子の名を書いた木簡(種子札《たねふだ》)の存在から確認された。従来考えられていたより、かなり高度な技術により稲作が管理されていたのである。

このような前提に立てば、地域ごとに気候に適する稲の品種が選ばれ、播種や田植えの時期が国や郡により管理されていたと考えることができる。おそらく、経験的にいつ頃までに田植えを終えれば、もっとも収穫量が高くなるのかという点がわかっていたのであろう。それを徹底するために、田植えの時期を限定したと思われる。

第五条は浮浪逃亡、そしてそれらを匿うことの禁止、第六条は桑畑なしに養蚕をしてはならないこと、第七条は飲酒や戯逸《ぎいつ》(おそらく賭博)の禁止、第八条は以上の禁令を破った者の名を言上することを命じている。桑畑なしの養蚕を禁止するとは、零細な農民を雇う規模の大きな養蚕がこの頃すでに行われていたため、働き手を養蚕にとられて農作業に影響が出ることを心配しているのではないか。ここからも、貧富の差が広がっていたことを推測することができる。

全般的にいえば、この牓示札は、勧農のために掲げられたと言えるだろう。嘉祥二年二月一二日は、現在の暦に直せば三月一〇日頃に当たり、本格的な農作業を目前にした時期である。その年の春の農作業を順調に行わせるため、このように告知札を立てたと考えられる。

文字の持つ力

もう一つ、この資料で注目されるのは、文字と口頭伝達の関係である。牓示札を路頭に掲示することを命じる一方、田領《でんりょう》(郡司の下にあって主として農業関係の郡務を行う郡雑任《ぐんぞうにん》か)らに、この掲示の内容を人々に口頭で説明することを要求している。当時の庶民がどの程度の識字能力を有していたのかはよくわかっていないが、それほど高かったとは考えにくい。文字が読めたのは、郡司もしくはその下の有力者までとみた方が適切であろう。それにもかかわらず、なぜ、字の読めない民衆の目の前に告知札を立てる必要があったのかという点は大きな問題である。

これを理解するためには、文字の機能を知る必要がある。現代社会では、文字は情報伝達の単なる道具という面が強いが、それは文字を理解する人にとっての話である。文化人類学などの成果によれば、一般に文字を理解できない人々にとって、文字は権力の象徴であり、マジカルな記号として理解されるという。おそらく田領たちは、告知の対象となる民衆を牓示札の前に集めたうえで文章を読み、内容をかみ砕いて聞かせたのではなかろうか。ここにこそ、わざわざ文字で書かれた命令文を公示する意味があったと考えられる。

従来、こうした告知札といえば戦国期の制札《せいさつ》、近世の高札《こうさつ》が知られているに過ぎなかった。また、農民生活を規制するものとしては慶安《けいあん》の御触書《おふれがき》（一六四九年）が代表であった。しかし、同様の機能を持つ資料がすでに九世紀前半に存在することが明らかになったことは、農民の生活を知る上で画期的である。

庶民の信仰

さらに、近年、墨書土器の研究が進展してきたことにより、東国の集落内における信仰を知ることができるようになってきた。墨書土器の多くは一文字ないし数文字のものが多いが、なかには一〇文字以上のもの、顔を描いたもの（人面墨書土器）などがある（図6-3）。たとえば、千葉県八千代市権現後《ごんげんうしろ》遺跡からは、人面および「村神郷丈部国依甘魚」と内面に墨書された九世紀前半頃の坏《つき》が検出された（同）。「村神郷」とは律令制下の下総国印播《いんば》郡村神《むらかみ》郷のこと、「丈部国依」とは印播郡司であった丈部直《はせつかべのあたい》氏に統括された部民で、「甘魚」とは美味しい魚という意味である。

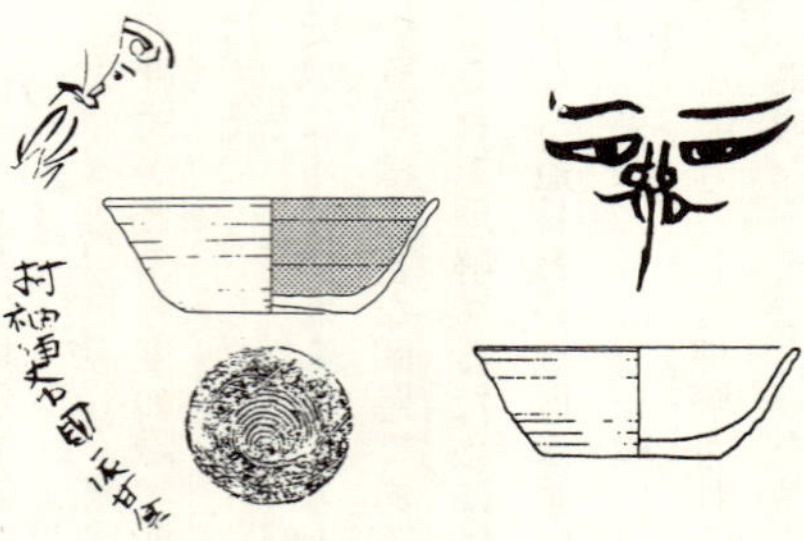

図6-3　墨書土器の例.（左）千葉県八千代市・権現後遺跡,（右）同芝山町・庄作遺跡

こうした墨書の思想的背景には、中国から伝わった冥界信仰があったと推測されている。平安初期に編纂された『日本霊異記《りょうい》』には、冥界から閻魔王の使者として疫鬼が来訪し、ある女性の命を奪いにきた。ところが、彼女がその鬼をご馳走でもてなしたところ、鬼は恩に感じて、同姓同名の別人を冥界に連れ去り、当人は難を逃れたとの説話がある。つまり、文字が書かれた坏は、饗応のためにご馳走(甘魚)を盛りつけた食器ではないかと推測されるのである(延命祭祀)。地名を書く理由は、鬼に間違いなく自分のもとに来てもらうために本貫《ほんがん》(戸籍に登録された地名)を明確にするため、人面は疫神の姿(もてなそうとした本人の姿とする説もある)をあらわしたと推測される。

また、八千代市北海道遺跡からは「丈部乙刀自女形代」という八世紀中頃の墨書土器がみつかっているが、「形代」とは、丈部乙刀自女の身代わりという意味で、先の冥界信仰をよりはっきりと示している。

この他、現在でも修験者が用いる九字《くじ》「冊」や五芒星「☆」など、陰陽道で魔除けのために用いられる符号も出土する。また、「国玉奉神」などと地主神(国魂神《くにたまのかみ》)の名を記し、祈りを捧げる例、「竈神《かまどがみ》」と墨書する例もある。

一方、仏教信仰も集落のなかに浸透していた。東国の集落を発掘すると、四面もしくは三面に庇を付けた特殊な掘立柱建物址が出土することがある。また、付近から僧侶が托鉢に用いる鉢、瓦製の塔や仏堂のミニチュア(瓦塔・瓦堂)が出土する場合もある。この掘立柱建物は、瓦を葺いてはいないが仏教施設と考えられ、一般的には村落内寺院と称されている。七堂伽藍を備えた立派な寺院は、簡単にはつくれなかったが、簡易な仏堂で代用したものと思われる。寺名(例えば「白井寺」)や僧侶名(例えば「弘貫」)を書いた墨書土器が出土するところをみると、寺名も定まり、僧侶も往来していたのであろう。

以上のことから、集落にはさまざまな信仰が混在したことがわかる。先に神仏習合の担い手として遊行僧をあげたが(第二章)、同様の現象が東国の集落でも展開し、僧侶が仏教を説いたのであろう。否、仏教だけではなく、延命祭祀・陰陽道的信仰・神信仰などを含めた広い宗教を説いたとみた方が正確である。平安時代初期の集落のなかに、今につながる民俗信仰が息づいていたことは、以後の日本の宗教的基盤を考える上でも見過ごすことはできない。

2　地域社会と都

それでは、都と地域社会はどのように結びつけられていたのであろうか。その点を人的交流からみてみよう。

荘園と牧

八世紀の荘園の実態は、東大寺文書などからかなり復元できる。ところが、九世紀から一〇世紀にかけての荘園の実態は、史料が残っておらず、ほとんど不明である。そこで、この欠を補うために史料上「荘牧《しょうぼく》」と呼ばれ、荘園と共通性がある牧《まき》について検討してみよう。取り上げるのは武蔵国秩父牧である。

延喜兵部式によれば、牧は全国に設置されていたが、九世紀以降、実際の史料上で確認できるのは、信濃・上野・甲斐・武蔵国に所在した御牧《みまき》と呼ばれる特別な牧に限定される。御牧からは毎年一定数の馬が進上され、先述のように天皇の前で牽き廻された後、臣下に下賜する駒牽《こまひき》と呼ばれる儀式があった。

秩父牧は、承平三(九三三)年に御牧に組み込まれたが(『政事要略』)、それ以前は宇多院の所有であった。それに関連して、高向利春《たかむこのとしはる》という興味深い人物を紹介する。彼の和歌は一首『古今和歌集』に収められているため、経歴を『古今和歌集目録』から知ることができる。

延喜五(九〇五)年八月、彼は、秩父牧の馬を貢上した功績により、牧司として褒賞された(『西宮記』)。ついで、同年九月には武蔵掾、延喜一一年には武蔵介に任命された。さらに延喜一四年二月には宇多院の「御給《ごきゅう》」により従五位下、延喜一八年には宇多院の「院分」によりついに武蔵守となった。この間、延喜一五年一一月には、武蔵介として宇多法皇に面会している(『北山抄』)。

彼の経歴は、武蔵一国で、しかも武蔵掾からわずか一三年という短期間で武蔵守にまで出世したことなど、一言で言えば異例ずくめである。その原因は宇多法皇にあった。「御給」とは年爵ともいい、この場合で言えば宇多院が利春を五位にする権利を行使したことを指す。「院分」とは院分受領ともいわれ、ここでは利春を武蔵守にする権利のことを言う。つまり、利春は、秩父牧の管理責任者を振り出しにし、宇多との近臣関係をもとにして、きわめて短期間で武蔵国の頂点にまで上り詰めたのであった。逆に言えば、宇多は自己の牧がある故に、武蔵国を重視していたとも言える。

利春の例は極端な例かもしれないが、院宮王臣家がみずからの近臣を荘園や牧の経営者として送り込んだことが容易に想像される。当然、近臣たちは主人の権威を笠に着て、納税を拒否するなど、国司と対立したり、非法を働くことも少なくなかったであろう。延喜一九(九一九)年には前武蔵権介の源仕《つこう》(「任」の誤りか)が官物を奪って官舎を焼き、利春を攻めるために、武蔵国府に襲来している。その原因もここに求められるのではなかろうか。

国司の下向

都と地方を行き来した者に国司がいる。国司の下向の具体的なようすは、康和元(一〇九九)年に因幡守として赴任した平時範《ときのり》の日記『時範記』に詳しく書かれており参考となるが、これは院政期の史料である。平安中期以前には、これに類する史料はないが、ここでは東海道のルートを推定してみよう。

一〇世紀末の歌人大中臣能宣《おおなかとみのよしのぶ》の歌集『能宣集』には、永延二(九八八)年、関白藤原兼家の六〇歳の祝いに、新調した屛風に書き入れた和歌が残されている。屛風は二カ月ごとに分けられた六帖からなり、吉野山など名所の絵が書き込まれていたが、そのなかに当時の旅のようすも含まれていた。その絵は現存していないが、歌から画題やルートを推測できる。もちろん、現実の旅ではなく、一部に地名の前後はみられるが、当時の常識を詠んだと考えられるから、逆に一般的な旅のルートを示すものと見なすことができる。

打出《うちで》浜《はま》〔現滋賀県大津市〕→鏡山〔同竜王町〕（以上、近江国）→志賀須賀渡《しかすがのわたり》〔愛知県宝飯《ほい》郡〕（参河《みかわ》国）→真籬《まがき》→小余綾磯《こゆるぎのいそ》〔神奈川県大磯町〕（相模国）→武蔵野（武蔵国）→二荒山《ふたらさん》〔栃木県日光市〕（下野国）→真籬島《じま》〔宮城県塩竈市〕→安積沼《あさかのぬま》〔福島県郡山市〕→末の松山〔宮城県多賀城市〕（以上、陸奥国）

詞書《ことばがき》に、「馬にのりて人々ゆく」「まくひきてたびびとおおくみゆ」「たび人おおくゆく」などとあり、馬に乗ったり、野宿に用いる「幕」を携行するような人であるから、一般人ではなく、国司の下向を題材としているのだろう。

さて、このルートは、いわゆる東海道や東山道ではない（図6－4）。むしろ、他の例も考慮すれば、美濃国から尾張国、武蔵国から下野国というコースはその両方を用いたことを示している。当時、一般に伊勢国と信濃国は避ける傾向にあった。規定どおりの東海道では、伊勢

図6-4　当時の東国への一般的な旅のルート

国から尾張国へ行くことになるが、ここには伊勢湾に流れ込む木曽川・揖斐《いび》川・長良川の河口があり、渡河に危険がともなったからである。永延二（九八八）年に作成された『尾張国《おわりのくに》郡司百姓等解文《ぐんじひゃくしょうらのげぶみ》』第一九条には、伊勢国榎撫《えなつ》駅と接する尾張国馬津《うまつ》駅について、「馬津の渡、これ海道第一の難処にして、官使上下の留連《るれん》する処なり」と記され、難所中の難所であったことがうかがえる。

一方、規定どおりの東山道では美濃国から信濃国をとおり上野国へ達することになっていたが、信濃国には、信濃守藤原陳忠《のぶただ》が谷底に落ちたことでも有名な神坂《みさか》峠があり（『今昔物語集』）、天下の険として知られていた。したがって、難所を避けるためには遠回りにはなるが、都から近江国を経て美濃国に達し、そこから南下して尾張国、そして海沿い（東海道沿い）を行き、再び相模国から武蔵国を北上して東山道の上野・下野国を経て、陸奥・出羽国に達するというルートが好まれたのである。平安時代の文学に、しばしば武蔵野が登場する理由はここにあった。

もちろんすべての使者がこの難所を避けたわけではない。とくに公文書を携えた正式な使者は、規定どおりの東海道や東山道を用いなければならなかった。しかし、当時の人々の心情としては、これらの難所を避けて往来したいというのが本音だっただろう。

このルートは、奈良時代以前から用いられていたことが確認できるし、中世には正式な東海道に編成される。逆に言えば、律令国家が制定した東海道・東山道が、交通路の実態をあまり考慮に入れず、強制的に敷設されたことをよく物語っている。

物資の交易

一一世紀はじめ、藤原明衡《あきひら》によって著された『新猿楽記』には、数々の類別化された人物が登場するが、交通の視点からみて興味深いのは、先に少し触れた八郎真人である。そこには、北は俘囚の地から西は喜界島までを行き交い、物品を売買する姿が描かれている。もちろん、実在の人物ではないが、モデルはいたはずである。残念ながら、具体的にその姿を明らかにすることはできないが、近年の発掘調査などから、物資の交易についてみてみよう。

先に中国・朝鮮半島から唐物、そして東北から馬・砂金・昆布・鷹の羽などがもたらされたことは述べたので(第五章)、ここでは南西諸島との関係について触れておく(図6-5)。

まず、奄美大島北半には「ヤコウガイ大量出土遺跡群」と呼ばれる遺跡がある。文字どおり、ヤコウガイの貝殻を加工した遺跡で、七世紀から一一世紀にかけて営まれ、九州地方の土器や

図6-5　南西諸島地図

多量の鉄器も出土する。

ヤコウガイは巻貝で、螺鈿《らでん》の材料となる。真珠のような光沢を持つ内側部分を薄く剥ぎ取り、調度品の表面に漆とともに貼りつけ、さらに上から漆を塗布して研ぎだしたものを螺鈿という。ラクダや椰子などを描いた「螺鈿紫檀《したん》五絃琵琶」など正倉院に多くの製品が残されていることはよく知られている。

ヤコウガイの交易はすでに『新猿楽記』にみえるところだが、実際「ヤコウガイ大量出土遺跡群」で加工された製品は、共伴する土器から、九州地方と交易し、さらに本州に供給されたと考えられる。八世紀から九世紀頃の秋田県四ツ小屋遺跡からヤコウガイで作られた勾玉《まがたま》が発見されており、海上交通を用いながら東北地方までも交易圏内に入っていた可能性もある。

ただし、畿内を中心とした地域で、本格的に螺鈿細工が作られるようになるのは、現在のところ八世紀以降と考えられているので、それ以前のヤコウガイは、日本ではなく唐へ輸出されていたのではないかとの指摘もある。もしその指摘が正しいとすれば、もはや日本という狭い枠組みで考えるべきではなく、東アジア交易圏とでもいうべき広がりをみせていたことになる。

一方、近年注目されている遺跡に、鹿児島県喜界島にある城久《ぐすく》遺跡群がある。九世紀から一三世紀にわたる遺跡で、本書の範囲で言えば、九世紀後半から一〇世紀前半に一つの盛期がみられる。特徴的なのは在地産の土器(兼久《かねく》式土器)がほとんど出土せず、本土産の土師器・須恵器、中国産の越州系青磁・白磁・灰釉《かいゆう》陶器など、いわゆる貿易陶磁が多いことである。遺跡の性格については通説はまだなく、大宰府の南島経営拠点、九州からの移住者集団などさまざまな見解がある。しかし、大宰府ないし中央政府との何らかの関係を認める点では共通性がある。

以上のような南西諸島のようすをみていくと、この頃の当地のあり方は、単純に「日本」という概念で割り切れるような図式では説明できないことがよくわかる。本州との交流は、中国や朝鮮半島の交流と並んで行われていたに過ぎないのであり、先に見た北方世界も視野に含めれば列島各所にいろいろな「日本」が併存していたといえる。今後はこうした南北の交通・交流にますます注目しなければならない。

3　変わりゆく支配体制

人から土地へ

日本古代の税制は、人を単位としていた(人頭税)。これは、中国の律令制を取り入れた結果である。当然のことながら、この制度の運用は、どの場所にどれだけの人が居住しているかを正確に把握することが前提となる。そのために、国家は庚午年《こうごねん》籍《じゃく》(六七〇年作成)以後、六年に一度戸籍を作成し、毎年計帳も作り続けてきた。戸籍には身分・年齢・続柄などが、計帳にはその他、ほくろや傷などの身体的特徴も記されていた。正倉院に奈良時代初期から前半にかけての諸国の籍帳が残されていることはよく知られている。

しかし、延喜二(九〇二)年に作成された『阿波国戸籍』など、一〇世紀以降に作成された戸籍では、女性の数が男性を圧倒的に上回っており、また、一〇〇歳以上の老人が数多くみられる。女性は男性に比べて税が軽減され、六六歳以上の者は納税義務がなかったから、この戸籍は実態に即したものではなく、税のがれを目的に偽造されたものということになる。

また、一方では、院宮王臣家が在地に進出するにしたがって、農民たちも本貫地(戸籍に登録された土地)から離れ、国司の手の届きにくい、それらの荘園に浮浪人として集まるようになった。九世紀末から一〇世紀はじめ(宇多朝から醍醐朝)にかけて、律令制への回帰を求めて、延喜の荘園整理令に代表されるいくつもの法令が出されたが、結果的にはほとんど効果はなかった。

一方、六年ごとに身分を問わず六歳以上の男女に一定面積の田を分け与え、死亡すれば収公するという班田収授制《はんでんしゅうじゅ》が行われたことが、日本古代の土地制度の基本であったが、班田は戸籍を基に六年ごとに行われた。しかし、籍帳が実態を伝えなくなれば班田収受制も困難になる。その結果、延喜二年を最後として、班田も行われなくなった。

こうなると、籍帳による個別人身的支配は、うまく働かないことになる。つまり、人頭税を放棄せざるを得なくなるのである。それならばどうするか。今度は、実際に耕作している土地に税をかけることになる。これは早く「正税を徴集するには、耕作した田からがもっとも適している」(『類聚三代格』昌泰四年官符)と指摘されているように、まず正税出挙が対象となり、しだいに租・庸・調といった官物、さらには交易雑物や雑徭などの臨時雑物にも広げられていった。明治に至るまで続けられた、土地を単位とした日本の税制がここに成立したといっても過言ではない。

田堵の出現　戸籍によって民衆を把握することが困難になると、代わって「名《みょう》」という耕作単位が現れた。名とは、もともと人物名に由来し、「犬丸名」などというふうに名付けられた。この「名」を掌握する者を田堵《たと》と呼び、国衙は彼らを台帳に登録して税を賦課する基準とした。こうしたあり方は一〇世紀前半頃には現れ、「負名《ふみょう》体制」と呼ばれている。ただし、全体の耕作面積は、律令制下よりも減少していたことが『尾張国郡司百姓等解文』からうかがえる。先に述べたように、院宮王臣家の進出により課税対象者が激減したこと、耕地自体が荒廃したことによるのだろう。一〇世紀の国家財政が逼迫した原因がここにある。

一一世紀はじめ頃の『新猿楽記』には、出羽権介田中豊益《とよます》について、「数町の田を経営する大名《だいみょう》田堵で、前もって日照りを想定し、鋤や鍬などの農具を準備し、馬鍬や犂《からすき》を修理している。また、堰・堤・池・水路・畔などの農業施設を維持・管理し、種蒔き・苗代・耕作・播殖などに農民をうまく使い、早稲《わせ》・晩稲《おくて》・粳米《うるちまい》・糯米《もちごめ》などの稲の種類を使い分けている」と表記されている。

田中豊益とは、田が豊稔になることを擬人化した名前であり、この場合はかなり誇張された大規模な田堵(大名田堵)であるが、実際はもっと小規模な田堵がほとんどであった。しかし、田堵とは単なる小農民ではなく、一定以上の規模を持って小農を束ね、国司や荘園領主と契約を結んで耕作に当たる人物であったと考えられる。

田堵から徴税するために、国衙からは検田使《けんでん》が派遣され、条里の坪付ごとに耕作の有無を判断し、耕作田の面積を把握した。その上で、所有者や耕作者(田堵)、そして作柄などを書き上げ、一国の総面積を集計した。こうした帳簿は「馬上帳《ばじょうちょう》」と呼ばれた。文字どおり、検田使が馬に乗ったまま郡内を調査したのである。

一方で、「名」ごとに作付面積を記した帳簿もつくられ(負名検田帳)、馬上帳とつきあわせて、田堵ごとの納税額が計算された。このような作業を行ったのは、国衙に付属した検田所であった。秋になると、国衙から収納使が派遣され、税が徴収されることになる。

しかし、田堵の負担は、計算された税のみではなかった。『尾張国郡司百姓等解文』には、収納使が配下の者を率いて現れ、税のほかに高額の「土毛《どもう》」を要求していたことがみえる。「土毛」とは、簡単に言えば、産物という意味になるが、この「土毛」こそが彼らの収入であった。『尾張国郡司百姓等解文』でも、土毛を取ること自体は非難されておらず、その比率の高さが問題にされている。これは在地慣行の一つで、田堵からみれば、一種の付加税に当たることになる。

また、こうした収取方法は、九世紀までとは大きく変わっていることに注目したい。九世紀頃までは、郡司が責任者として徴税に当たっていたが、一〇世紀以降は国衙から直接検田使や収納使が派遣されて、調査・徴税に当たるようになったのである。その原因は、すでに述べた受領国司の成立と郡司の変質に求められる。受領の権限が大きくなるのと反比例して郡司の力は減少した。したがって、受領の権力が増大し、直接在地に力を及ぼせるようになった結果、負名体制が成立したとみることができる。

新しい税制の出現

地方の税制が大きく変わると、それにつれて中央財政にも大きな変化が現れた。財源を別の形で穴埋めせざるを得なくなったのである。そこで、まず年料租舂米《ねんりょうそしょうまい》制が正式に取り入れられた。もともと、租は、飢饉などに備えて消費されずに諸国の正倉に保存されることになっていたが、その一部は、「舂《つ》いて」(脱穀して)都へ送り(舂米)、そこで働く人々の食料として用いられた(年料舂米)。ところが、違期《いご》や未進が続くと、それらが不足するようになる。そこで、九世紀の終わり頃から、尾張国など海に面した畿内近国に命令して、別途、舂米を運上させるようになった。はじめのうちは不定期であったが、一〇世紀はじめには、毎年一定量が義務づけられ、のちに制度化した。海に面した国が選ばれたのは、米のような重貨には海運が適していたためである。

また、正蔵率分《しょうぞうりつぶん》制も生まれた。税の違期や未納が多くなったところで、何とか必要最小限度の官物を確保しようとしたためである。その結果、天暦六(九五二)年、国司が毎年貢納する調や庸のうち、一割を太政官が管理する率分所に別納させ、神社への奉幣料、宮中の節会《せちえ》(重要な年中行事)に参加した者の俸禄など、恒例の儀式用に使用するようになった。のち、二割に増額されたが、国司の受領功過定の重要な審査項目となったため、納入は比較的良好であった。ただし、裏返せば、残りの九割もしくは八割については、あまり厳密に要求されなくなったということでもある。

さらに、位禄《いろく》（官人に対して位階に応じて支払われる俸禄）も不足しはじめた。位禄は、季禄（毎年春と秋に与えられる俸禄）とともに、官人の重要な収入源であったから、これは深刻な問題であった。本来は、諸国が都に納入した調や庸を財源としていたのだが、財源不足となったのである。そこで、一〇世紀はじめ頃、受給者自身が直接指定された地方に出向き、位禄を受け取る方法が現れた。これを年料別納租穀《そこく》制という。割り当てられる国は、都からみて遠くにある遠《おん》国《ごく》に限定され、年料租春米を負担する国と重ならないように配慮された。

しかし、こうした新たな負担が増えると、今度は諸国の財政が逼迫してくる。もともと、諸国には、普段は使用することができず、飢饉などの緊急事態に備える不動穀と呼ばれる稲穀が倉に保管してあった。倉の鎰《やく》（カギ）は太政官が保持していたから、国司が勝手に開けることはできなかったが、この不動穀を年料租春米や年料別納租穀に使用することを余儀なくされた。結果、不動穀は減少し続ける。この現状に対して、康保元（九六四）年には、国司が毎年不動穀を増加させる命令が下された。これを新委《しんい》不動穀制といい、受領功過定での審査項目に組み込まれた。

さらに、財源の不足から各官司でも独自の財源確保策を採るようになった。九世紀段階では、政府は、とくに皇室や上流貴族が必要とする品々を調達するために、臨時交易雑物と称して諸国に負担させたが、一〇世紀になると、より積極的に蔵人所を中心とした官司が必要に応じて諸国に物品の納入を命じる命令を出すようになった。これを蔵人所召物と呼んでいる。

都市と地域の流通

要するに、おおむね九世紀までは、諸国から貢納された物資を大蔵省や民部省の蔵にいったん貯蓄し、必要に応じてそこから支出したのだが、一〇世紀になると、大蔵省や民部省の蔵を通さず、物資を必要とする官司が直接支出を担当する諸国から調達する仕組みができたのである。国家財政のうち、最重要な部分のみは確保し、その他官司別の費用や個人の俸給などは、自助努力に任せるようになったと言い換えることもできる。

財源の具体的な取得方法は以下のようなものであった。太政官や蔵人所では、物品を必要とする官司に、支出する諸国名・物品名・数量を明記した「切下文《きりくだしぶみ》」(略して「切文」「切符《きりふ》」ともいう)と呼ばれる文書を発行した。その官司の使者は、その文書を持って、支払う諸国の弁済所に赴き、その文書と引き替えに現物を受納したのである。

弁済所とは、京もしくは京近くの交通至便な場所に(河川交通も含む)、諸国が設けた出先機関で、あらかじめ自国から物品を運び込み、蔵に保管していた。現代風にいえば、都道府県の倉庫付き東京出張所といったところであろうか。もちろん、奈良時代から、相模国調邸《ちょうてい》のように、すでに平城京にこうした機関の前身が存在したが、全面的に展開するのは平安時代になってからである。

しかし、こうした新しい物資の調達方法は、マイナスの面だけを持ったわけではなかった。

新しい流通システムを生み出したのである。切下文による支出方式が定型化すれば、切下文と現物は同じ価値を持つようになる。すなわち、この切下文がさらに発達すれば、中世以降にみられる「手形」に発展する。文書が現物と同じ価値を持つようになることは、商品流通史からみれば画期的である。これもまた、都市と地域の交通を発展させた一つの要因となった。

徐々にではあるが、しかし確実に中世は近づいてきていた。

おわりに――起源としての一〇世紀

これまで八世紀末から一〇世紀後半にかけての歴史を幅広く論述してきたつもりである。特定の、例えば貴族政治を中心に扱うという手法もあったかとは思うが、通史であるからには、在地社会や民衆の問題も扱うべきだとの筆者の判断による。

しかし、平安時代、とくに一〇世紀のもっとも大きな特徴を一言で言うならば、明治初期までの日本文化、とくに貴族文化に多くの影響を及ぼし続けたということだろう。それはなぜなのだろうか。

本書のおさらいになるが、その原因の第一は、九世紀の終わり頃から一〇世紀のはじめにかけて、宮廷の構成原理が大きく変わったことにあると思う。この時期、近臣の制度的整備を行ったことにより、それまで個人的な人間関係であった「私」が、「公」的性格を帯びるようになった。その結果、整備された蔵人制や昇殿制は、以後の宮廷社会のなかで、長く生き続けることになる。

この時期には、天皇の食器が金属製の器・箸から土器・木製の箸に変わることも指摘されており、宮廷生活にも大きな変化が起きたことが予想される。

第二に、イエや家職の成立の起源だということがあるのではないか。

一般的に、摂関家であっても一〇世紀後半にならなければ、イエは成立しない。したがって、その影響を受けて、彼らより身分が低い貴族や官人のイエ、そして家職が成立するのは、早くても一〇世紀末、ほとんどが一一世紀以降のことであった。しかし、後世の人々からイエの始祖と仰がれた人々は、一〇世紀に活躍していた場合が多い。例えば桓武平氏の場合、実際に武士のイエが形成されたのは、一〇世紀末から一一世紀はじめにかけてのことであったが、子孫を含む平安後期から鎌倉時代の人々は、『平家物語』にもみられるように、イエの起源を平貞盛に求めている。

また、陰陽道の場合、実際に安倍氏が職を独占するようになるのは、一一世紀前半からであるが、中世では土御門《つちみかど》家をはじめ、その始祖を一〇世紀後半に生きた安倍晴明に求めている。あるいは貴族のイエでも、小野宮家や九条家のほか、藤原師輔を父とする公季《きんすえ》(閑院流)や醍醐天皇・村上天皇などに始祖を求める貴族が、のちのち生まれることになる。

始祖と目される人物の生きた時代と、実際にイエが成立したり、家職を独占するようになる時期との間にはギャップがあるが、子孫たちは、一〇世紀に自己のアイデンティティの起源を求める場合が多い。始祖の多くが画期的な働きをしたという面も考慮しなければならないが、一〇世紀には、以後の社会につながる、律令制とは異なった職能体系(ここでいえば武士や陰陽道)が生まれ固定化していったといえる。

さらに「延喜・天暦の治」といわれるように、醍醐・村上天皇の時代は、後に「聖代」視されるが、二人の時代も一〇世紀である。この影響も、十分考慮する必要があるだろう。いわば、「言説としての一〇世紀」が記憶されたのである。

その意味で、延喜五(九〇五)年に成立したとも、編纂の命が下ったともいわれる『古今和歌集』は、画期的な、そして象徴的な最初の勅撰集であったと思う。それまで「私」的な性格であった和歌に「公」的な性格を与え、漢字の陰に隠れていた平仮名を広める大きな契機にもなった。また、編纂目的には「宇多・醍醐皇統の近臣の歌集」というきわめて政治的な動機もあった。

『古今和歌集』の成立は、一〇世紀の宮廷社会の象徴であり、変化しつつあった宮廷社会や制度の先取りとしての機能も担っていたと考えられる。だからこそ、『古今和歌集』は、以後の和歌や歌集の規範になったし、古今集的世界への憧れを形成することができたのではなかろうか。こうしてみると、一〇世紀は、日本の文化的枠組みを形成した時代であったといえるだろう。結果論ではあるが、逆にいえば『古今和歌集』は、生まれたときからすでに、奈良時代以前を重視する近代国家によって、排除される運命にあったというべきかもしれない。

この一〇世紀を土台としながらも、独自の政治文化を開花させた時代が、次巻で語られる摂関時代である。

最後に、平安時代史研究について、筆者の意見を述べさせていただきたい。平安時代の研究はなかなか難しいところがある。常日頃、学生と話していても、奈良時代と比べてつかみ所がないといわれることもしばしばである。

その理由は、期間が四百年と長く、一口に平安時代といっても、時期ごとの変化がきわめて大きいことである。また、史料の性質も、国家や官人が関与した記録と貴族の日記では大きく異なるし、在地に関する文書類に対しては、まったく別の読み方を要求される。つまり、時代の変化と、史料の多様性に対応する必要があるのである。

また、桓武天皇から嵯峨・平城・淳和天皇までを含んだ『日本後紀』は、全体の四分の一しか残存していないし、九世紀末以降、『日本三代実録』を最後として、正史がなくなり、史料の絶対量も少なくなる。したがって、この時代の歴史像を描くには、断片的な史料をつなぎ合わせる根気と想像力が必要となる。

さらに、地域社会は別であるが、平安京は現在の京都市の下に眠っているため、遺跡や木簡を中心とした出土文字資料も、奈良時代以前に比べて格段に少なく、考古学との協業も部分的に留まっている。

しかし、これまで述べてきたように、目に見えて明らかではないものの、平安時代は、日本文化の基層を形成し、その後の歴史や文化に大きな影響を与え続けたといえる。それだけ平安時代は、日本の歴史や文化を考える場合には重要であるということでもある。また、分野にもよるが、奈良時代以前に比べて研究史の絶対量は少なく、その点ではまだまだ未開の広野が広がっていると思う。

本書を読んで、平安時代の研究を目指す方が現れることに期待したい。

二〇一一年五月

川尻秋生

索　引

あ 行

た 行

な　行

は 行

ま　行

や 行

ら 行

わ 行

略年表

西暦	和暦	出来事
770	宝亀元	8 称徳天皇が死去，白壁王が皇太子となる．道鏡を配流する／10 光仁天皇が即位する／11 井上内親王が皇后となる．施基親王に天皇号を追贈する
771	2	1 他戸親王が皇太子となる／2 藤原永手が死去
772	3	3 井上皇后を廃する／5 他戸を廃太子とする
773	4	1 山部親王が皇太子となる
774	5	7 エミシが桃生城を攻撃する(以後三十八年戦争始まる)
775	6	4 井上内親王・他戸親王が死去／6 佐伯今毛人らを遣唐使に任命する
777	8	12 井上内親王を改葬する
780	11	1 新羅使が「御調」を献上する／3 伊治呰麻呂が多賀城を攻撃する／9 藤原小黒麻呂を征東大使に任命する ・新羅で内乱
781	天応元	4 光仁天皇が譲位，桓武天皇が即位，早良親王を皇太子とする／12 光仁上皇が死去
782	延暦元	閏1 氷上川継を謀反の罪で伊豆へ配流する／4 造宮省などを廃止する／6 大伴家持を陸奥鎮守府将軍に任命する
783	2	4 藤原乙牟漏が皇后となる／6 新たな寺院の建立を禁止する／10 桓武が河内国交野に行幸する
784	3	11 長岡京遷都
785	4	1 長岡宮大極殿で朝賀を行う／5 桓武が避諱を行う／9 藤原種継が暗殺される．早良が廃太子となる／10 早良が配流の護送途上で死去する／11 安殿親王が皇太子となる．桓武が昊天祭祀を行う
787	6	11 桓武が再び昊天祭祀を行う
788	7	3 坂東諸国より5万の兵士を多賀城へ集める／7 紀古佐美を征東大将軍に任命する
789	8	5 アテルイ率いるエミシ軍と激突し政府軍が大敗する
791	10	7 大伴弟麻呂を征夷大使に，坂上田村麻呂を副使に任命する／9 平城宮の諸門を長岡宮へ移築する
792	11	6 軍団を廃止し，健児を置く．安殿親王の病の原因が早良親王の祟りとの占いがあり，親王の墓所に墓守を置く．

		雷雨にて式部省南門が倒壊する／8 洪水が起きる
793	12	1 桓武が遷都のため山背国葛野郡を下見させる／2 賀茂神に遷都を宣言する／3 新宮を巡見し，以後10回以上行幸する
794	13	1 征夷大将軍大伴弟麻呂に節刀を下賜する／7 東西の市を新京に移す／10 征夷の成果を報告し，平安京遷都の詔を発する／11「山背国」を「山城国」に改める
795	14	11 東国からの防人派遣を中止する
796	15	1 完成した平安宮大極殿で朝賀を行う
797	16	2 菅野真道らが『続日本紀』を撰上する／9 勘解由使を置く／11 坂上田村麻呂を征夷大将軍に任命する／最澄が内供奉十禅師となる
798	17	3 郡司の任用基準を譜代制から才用制へと切り替える／4 畿内神社の神宮司の任期を定める
800	19	3 富士山が噴火する／7 早良親王に崇道天皇を追号する
801	20	9 坂上田村麻呂が征夷へ赴く／8 藤原葛野麻呂らを遣唐使に任命する
802	21	1 田村麻呂が胆沢城を築く
803	22	2 菅野真道ら『延暦交替式』を撰上する／3 田村麻呂が志波城を築く
804	23	7 最澄・空海の乗った遣唐使船が肥前国を出発する／12 桓武が発病する／『皇大神宮儀式帳』を編纂する
805	24	4 崇道天皇を国忌の例に入れる／6 最澄ら遣唐使が帰朝する／8 最澄が桓武に帰朝報告を行い，病気平癒を祈願する／10 坂上田村麻呂が清水寺を建立する／12 藤原緒嗣と菅野真道による「徳政相論」が行われる
806	大同元	3 桓武天皇が死去，平城天皇が即位する／5 神野親王が皇太子となる／8 空海が帰国のため船出する
807	2	10 伊予親王事件が起きる
809	4	4 平城天皇が譲位，嵯峨天皇が即位，高岳親王が皇太子となる／12 平城上皇が平城宮へ赴く
810	弘仁元	3 嵯峨が蔵人所を置く，藤原冬嗣らを蔵人頭に任命する／9 平城上皇が遷都を宣言する，薬子の変が起きる
811	2	2 郡司の任命を国司の推薦によるものとする／5 坂上田村麻呂が死去／10 征夷将軍文室綿麻呂らが戦果を報じる

		(三十八年戦争終結)
812	3	11 最澄が空海から灌頂を受ける
814	5	嵯峨が『凌雲集』編纂を命じる
816	7	7 嵯峨が空海に金剛峯寺を開くことを許可する
818	9	3 儀礼制度や内裏の建物・門の名前を唐風に改革する/7 坂東諸国で大地震が起きる．嵯峨が『文華秀麗集』の編纂を命じる
820	11	2 天皇などの服装についての詔を下す．最澄が『顕戒論』を著す/4 弘仁格式を撰上する
821	12	1 藤原冬嗣らが『内裏式』を撰上する/冬嗣が勧学院を創建する
822	13	6 最澄が死去する/比叡山に大乗戒壇設置を許す/8 擬任郡司制を定める
823	14	1 空海が嵯峨から東寺を下賜される/4 嵯峨天皇が譲位，淳和天皇が即位，正良親王が皇太子となる
824	天長元	6 渤海使の来日を12年に1度とする/7 平城上皇が死去
827	4	淳和が『経国集』の編纂を命じる
830	7	11 弘仁格式を施行する
833	10	2『令義解』を撰上する．淳和天皇が譲位，仁明天皇が即位，恒貞親王が皇太子となる
834	承和元	1 藤原常嗣・小野篁らを遣唐使に任命する
835	2	3 空海が死去する
836	3	5 遣唐使が出航する/7 遣唐使が遭難し漂着する
837	4	7 遣唐使が再び出航するが，遭難し漂着する
838	5	7 円仁が遣唐使とともに出航する/12 遣唐副使小野篁が乗船を拒否し，配流となる
839	6	8 遣唐使が帰国する
840	7	4 弘仁格式を改正し，再施行する/5 淳和上皇が死去
842	9	1 大宰府に漂着した新羅商人を帰国させる，以後「帰化」認めず/7 嵯峨上皇が死去，承和の変が起きる．恒貞親王が廃太子となる/8 道康親王が皇太子となる
845	12	・唐の武宗が僧尼に還俗命令を出す(会昌の法難)
847	14	9 円仁が大宰府に帰着する
849	嘉祥 2	2 加茂遺跡の牓示札が作製される

850	3	3 仁明天皇が死去，文徳天皇が即位する／11 惟仁親王が皇太子となる
857	天安元	2 藤原良房が太政大臣に任命される
858	2	8 文徳天皇が死去，清和天皇が即位する
859	貞観元	8 八幡神を石清水八幡宮に勧請する
863	5	5 神泉苑にて御霊会が開かれる
864	6	5 富士山の噴火が始まる
866	8	閏3 応天門が全焼する／8 藤原良房に「天下の政を摂行」との勅が下される／9 応天門の変が起き，伴善男らが流罪となる
869	11	2 貞明親王が皇太子となる／5 陸奥国で大地震が起きる．新羅の海賊が豊前国貢綿船を掠奪する／8『続日本後紀』が完成する／9『貞観格』が撰上・施行される
871	13	10『貞観式』が撰上・施行される
874	16	開聞岳が噴火する
875	17	・唐にて黄巣の乱が勃発する
876	18	11 清和天皇が譲位，陽成天皇が即位，藤原基経を摂政に任命する
878	元慶 2	3 秋田城付近のエミシが反乱する(元慶の乱)
880	4	12 清和上皇が死去／藤原基経を太政大臣に任命する
884	8	2 陽成天皇が退位，光孝天皇が即位する(これより以前，陽成が乳母の子を殺害する)／6 基経に天皇補弼の勅が下される／8 上総国で土着国司が現任国司と武力対立する
887	仁和 3	7 東南海地方で大地震が起きる／8 都に台風が襲来する．光孝天皇が発病，源定省を皇太子に指名した直後に光孝が死去，宇多天皇が即位する／11 基経を関白に任命する
888	4	6 阿衡事件が起きる，宇多が橘広相の非を認める，再び基経を関白に任命する／11 五位蔵人を置く
891	寛平 3	1 基経が死去／2 菅原道真が蔵人頭に任命される
893	5	4 敦仁親王が皇太子となる
894	6	8 宇多が菅原道真を遣唐大使に任命する／9 この頃遣唐使の派遣を中止する
897	9	7 宇多天皇が譲位，醍醐天皇が即位．宇多が『寛平御遺

		誡』を著す／蔵人所別当を設置する
899	昌泰 2	2 藤原時平を左大臣，菅原道真を右大臣に任命する
900	3	8 道真が『菅家文草』を著す ・後百済が建国される
901	延喜元	1 道真を大宰権帥に左遷する／8『日本三代実録』が完成する ・後高句麗が建国される
902	2	3 延喜の荘園整理令が下される
903	3	2 道真が死去
904	4	2 保明親王が皇太子となる
905	5	4『古今和歌集』が成立する(？)
907	7	11『延喜格』を撰上する ・朱全忠が皇帝哀宗を殺害し，唐が滅亡する
914	14	4 三善清行が『意見封事十二箇条』を提出する
915	15	7 十和田火山が噴火する
916	16	・耶律阿保機が契丹の皇帝を称する
918	18	・高麗が建国される
923	延長元	3 保明皇太子が死去／4 康頼王が皇太子となる
925	3	6 康頼皇太子が死去する／10 寛明親王が皇太子となる
926	4	・契丹が渤海を滅ぼす
927	5	12『延喜式』が完成する
929	7	5 後百済の使者が対馬に来航する
930	8	6 清涼殿に落雷／9 醍醐天皇が譲位，朱雀天皇が即位する，藤原忠平が摂政に任命される．醍醐上皇が死去
931	承平元	7 宇多法皇死去
935	5	2 平将門が平良兼・国香らと対立し，国香が戦死する ・新羅が滅亡する
936	6	6 藤原純友，伊予守紀淑人と共に日振島の海賊を鎮圧／7 大宰府に呉越国使が来着する ・高麗が朝鮮半島を統一する
937	7	・契丹が遼と称する
939	天慶 2	3 武蔵介源経基が平将門と興世王の謀叛を訴える／11 将門が常陸国府を占領する／12 将門が坂東諸国を占領し，新皇を自称する．藤原純友が兵を率いて反乱を開始する

940	3	1 東西追捕使を任命する，藤原忠文を征東大将軍に任命する／2 藤原秀郷・平貞盛が将門を殺害する／6 純友に対して追捕官符を発布する，貞盛が純友討伐に出陣する／8 純友が伊予・讃岐国を攻める／10 純友が安芸・周防国軍を破る／12 純友が土佐国を焼き討ちする
941	4	5 純友が大宰府を焼き討ちする，その後小野好古らが博多津で純友軍を破る／6 橘遠保が伊予国で純友を討つ
945	8	7 シダラ神が上洛する
946	9	4 朱雀天皇が譲位，村上天皇が即位する
947	天暦元	6 村上が左右の検非違使庁を併合する／閏7 調庸の粗悪・租税の違期などを取り締まる／11 倹約の励行，贅沢の禁止などの新制を公布する
950	4	7 憲平親王が皇太子となる
958	天徳 2	3 乾元大宝を鋳造する（皇朝十二銭の最後）
960	4	9 内裏が全焼する ・宋が中国を統一する
967	康保 4	5 村上天皇が死去，冷泉天皇が即位する／7『延喜式』を施行する／9 守平親王が皇太弟となる
969	安和 2	3 安和の変が起き，源高明・藤原千晴らを配流する／8 冷泉天皇が譲位，円融天皇が即位する，師貞親王が皇太子となる
974	天延 2	6 祇園御霊会が始まる
982	天元 5	10 慶滋保胤が『池亭記』を著す
983	永観元	8 奝然が渡宋し，太宗に拝謁する
984	2	8 円融天皇が譲位，花山天皇が即位，懐仁親王が皇太子となる
986	寛和 2	6 花山天皇が譲位，一条天皇が即位する
988	永延 2	11『尾張国郡司百姓等解文』が作成される

参考文献

全編を通じて
石母田正『石母田正著作集 6　古代末期の政治過程および政治形態』岩波書店，1989
石母田正『石母田正著作集 7　古代末期政治史論』岩波書店，1989
大津透『律令国家支配構造の研究』岩波書店，1993
大津透『古代の天皇制』岩波書店，1999
朧谷寿『日本の歴史 6　王朝と貴族』集英社，1991
加藤友康編『日本の時代史 6　摂関政治と王朝文化』吉川弘文館，2002
川上多助『平安朝史　上』国書刊行会，1982
川尻秋生『古代東国史の基礎的研究』塙書房，2003
川尻秋生『全集日本の歴史 4　揺れ動く貴族社会』小学館，2008
北山茂夫『日本の歴史 4　平安京』中央公論社，1965
京都市編『甦る平安京』1994
坂上康俊『日本の歴史 05　律令国家の転換と「日本」』講談社，2001
佐々木恵介『天皇の歴史 03　天皇と摂政・関白』講談社，2011
笹山晴生『平安の朝廷』吉川弘文館，1993
佐藤宗諄『平安前期政治史序説』東京大学出版会，1977
瀧浪貞子『日本の歴史 5　平安建都』集英社，1991
棚橋光男『大系日本の歴史 4　王朝の社会』小学館，1988
玉井力『平安時代の貴族と天皇』岩波書店，2000
戸田芳実『日本領主制成立史の研究』岩波書店，1967
橋本義彦『平安貴族』平凡社，1986
古瀬奈津子『日本古代王権と儀式』吉川弘文館，1998
保立道久『平安王朝』岩波書店，1996
森田悌『平安時代政治史研究』吉川弘文館，1978
吉川真司『律令官僚制の研究』塙書房，1998
吉川真司編『日本の時代史 5　平安京』吉川弘文館，2002
吉田孝『日本の誕生』岩波新書，1997
吉田孝・大隅清陽・佐々木恵介「9–10 世紀の日本」『岩波講座　日本通史 5　古代 4』岩波書店，1995
吉村武彦『日本古代の社会と国家』岩波書店，1996

はじめに

アーネスト・サトウ，坂田精一訳『一外交官の見た明治維新　上』岩波文庫，1960
神林恒道『近代日本「美学」の誕生』講談社，2006
武田佐知子『衣服で読み直す日本史』朝日新聞社，1998
ヒュー・コータッツィ，中須賀哲朗訳『ある英国外交官の明治維新』中央公論社，1986
正岡子規『歌よみに与ふる書』岩波文庫，1983

第１章

網伸也「平安京の造営計画とその実態」『考古学雑誌』84-3，1999
今泉隆雄『古代宮都の研究』吉川弘文館，1993
川尻秋生「平安京造営考」『都城　古代日本のシンボリズム』青木書店，2007
國下多美樹「長岡宮城と二つの内裏」『古代文化』59-3，2007
国立歴史民俗博物館編『桓武と激動の長岡京時代』山川出版社，2009
清水みき「長岡京造営論」『ヒストリア』110，1986
下向井龍彦「光仁・桓武朝の軍縮改革について」『古代文化』49-11，1997
瀧川政次郎『法制史論叢２　京制並に都城制の研究』角川書店，1967
西山良平・鈴木久男編『古代の都３　恒久の都平安京』吉川弘文館，2010
仁藤敦史「「山背」遷都の背景」『王権と都市』思文閣出版，2008
橋本義則『平安宮成立史の研究』塙書房，1995
早川庄八『日本古代官僚制の研究』岩波書店，1986
山中章『長岡京研究序説』塙書房，2001
吉川真司『天皇の歴史 02　聖武天皇と仏都平城京』講談社，2011

第２章

石井正敏『日本渤海関係史の研究』吉川弘文館，2001
大隅清陽『律令官制と礼秩序の研究』吉川弘文館，2011
小野勝年『入唐求法巡礼行記の研究』1～4，鈴木学術財団，1964～69
神谷正昌「9 世紀の儀式と天皇」『史学研究集録』15，1990
川尻秋生『日本古代の格と資財帳』吉川弘文館，2003
熊谷公男『古代の蝦夷と城柵』吉川弘文館，2004

佐伯有清『最後の遣唐使』講談社，1978
佐伯有清『円仁』吉川弘文館，1989
佐伯有清『最澄と空海』吉川弘文館，1998
酒寄雅志『渤海と古代の日本』校倉書房，2001
薗田香融『平安仏教の研究』法蔵館，1981
高木訷元『空海』吉川弘文館，2009
瀧浪貞子『日本古代宮廷社会の研究』思文閣出版，1991
田中弘志『律令体制を支えた地方官衙・弥勒寺遺跡群』新泉社，2008
田中史生『越境の古代史』筑摩新書，2009
玉井力「承和の変について」『歴史学研究』286，1964
田村晃佑『最澄』吉川弘文館，1988
東野治之『遣唐使』岩波新書，2007
虎尾俊哉『延喜式』吉川弘文館，1964
西本昌弘『日本古代儀礼成立史の研究』塙書房，1997
春名宏昭『平城天皇』吉川弘文館，2009
福井俊彦「承和の変についての一考察」『日本歴史』260，1970
藤森健太郎『古代天皇の即位儀礼』吉川弘文館，2000
森公章『古代日本の対外認識と通交』吉川弘文館，1998
李成市『東アジアの王権と交易』青木書店，1997
渡辺照宏・宮坂宥勝『沙門空海』筑摩書房，1967

第３章

秋田県教育委員会『秋田県文化財調査報告書 14　胡桃館埋没建物発掘調査概報』1968
加藤友康「朝儀の構造と特質」『講座前近代の天皇５　世界史のなかの天皇』青木書店，1995
鎌田洋昭・中摩浩太郎・渡部徹也『橋牟礼川遺跡』同成社，2009
川尻秋生「日本古代における「議」」『史学雑誌』110–3，2001
河音能平『中世封建社会の首都と農村』東京大学出版会，1984
倉本一宏『摂関政治と王朝貴族』吉川弘文館，2000
今正秀「摂政制成立考」『史学雑誌』106–1，1997
坂上康俊「関白の成立過程」『日本律令制論集　下』吉川弘文館，1993
柴田実編『民衆宗教史叢書５　御霊信仰』雄山閣出版，1984
高橋学ほか「秋田・胡桃館遺跡」『木簡研究』28，2006
新里村教育委員会編『赤城山麓の歴史地震』1991

能登健・内田憲治・早田勉「赤城山南麓の歴史地震」『信濃』42-10, 1990
松本保宣『唐王朝の宮城と御前会議』晃洋書房, 2006
村井章介「王土王民思想と九世紀の転換」『思想』847, 1995
山本信吉『摂関政治史論考』吉川弘文館, 2003
義江彰夫ほか編著『十和田湖が語る古代北奥の謎』校倉書房, 2006
吉岡眞之「幼帝が出現するのはなぜか」『争点日本の歴史 3　古代編 2（奈良〜平安時代）』新人物往来社, 1991

第 4 章

阿部猛『尾張国解文の研究』大原新生社, 1971
石母田正『石母田正著作集 3　日本の古代国家』岩波書店, 1989
市大樹「九世紀畿内地域の富豪層と院宮王臣家・諸司」『ヒストリア』163, 1999
伊藤和明『地震と噴火の日本史』岩波新書, 2002
海野よし美・大津透「勧学院小考」『山梨大学教育学部研究報告』42, 1992
河内祥輔『古代政治史における天皇制の論理』吉川弘文館, 1986
木村茂光『「国風文化」の時代』青木書店, 1997
坂井秀弥『古代地域社会の考古学』同成社, 2008
佐藤進一『日本の中世国家』岩波書店, 1983
佐藤宗諄先生退官記念論文集刊行会編『『親信卿記』の研究』思文閣出版, 2005
佐藤信『出土史料の古代史』東京大学出版会, 2002
寒川旭『地震考古学』中公新書, 1992
鈴木景二「平安前期の草仮名墨書土器と地方文化」『木簡研究』31, 2009
曾我良成「官務家成立の歴史的背景」『史学雑誌』92-3, 1983
滝川幸司『天皇と文壇』和泉書院, 2007
田島公「「氏爵」の成立」『史林』71-1, 1988
告井幸男「摂関・院政期における官人社会」『日本史研究』535, 2007
土田直鎮『日本の歴史 5　王朝の貴族』中央公論社, 1965
寺内浩『受領制の研究』塙書房, 2004
服藤早苗『家成立史の研究』校倉書房, 1991
春名宏昭「平安期太上天皇の公と私」『史学雑誌』100-3, 1991
北条秀樹『日本古代国家の地方支配』吉川弘文館, 2000

宮瀧交二「村落と民衆」『列島の古代史3　社会集団と政治組織』岩波書店，2005
村井康彦『古代国家解体過程の研究』岩波書店，1965
目崎徳衛『貴族社会と古典文化』吉川弘文館，1995
山口英男「十世紀の国郡行政機構」『史学雑誌』110–9，1991
山中敏史『古代地方官衙遺跡の研究』塙書房，1994
山中敏史・佐藤興治『古代日本を発掘する5　古代の役所』岩波書店，1985

第5章

明石一紀『古代・中世のイエと女性』校倉書房，2006
石上英一「日本古代10世紀の外交」『東アジア世界における日本古代史講座7』学生社，1982
石上英一「古代東アジア地域と日本」『日本の社会史1　列島内外の交通と国家』岩波書店，1987
上島亨『日本中世社会の形成と王権』名古屋大学出版会，2010
川尻秋生『戦争の日本史4　平将門の乱』吉川弘文館，2007
熊田亮介『古代国家と東北』吉川弘文館，2003
斉藤利男「軍事貴族・武家と辺境」『日本史研究』427，1998
下向井龍彦『日本の歴史07　武士の成長と院政』講談社，2001
髙橋昌明『武士の成立　武士像の創出』東京大学出版会，1999
戸田芳実『初期中世社会史の研究』東京大学出版会，1991
野口実『坂東武士団の成立と発展』弘生書林，1982
林陸朗編『論集　平将門研究』現代思潮社，1975
松原弘宣『藤原純友』吉川弘文館，1999
三浦圭介ほか編『北の防御性集落と激動の時代』同成社，2006
山内晋次『奈良平安期の日本とアジア』吉川弘文館，2003

第6章

有富純也『日本古代国家と支配理念』東京大学出版会，2009
飯淵康一『平安時代貴族住宅の研究』中央公論美術出版，2004
石川県埋蔵文化財センター編，平川南監修『発見！　古代のお触れ書き』大修館書店，2001
太田静六『寝殿造の研究』吉川弘文館，1987
亀井明徳「日宋貿易関係の展開」『岩波講座日本通史6　古代5』岩波書店，1995

参考文献

川尻秋生「古代東国における交通の特質」『古代交通研究』11，2002
川尻秋生「寺院と知識」『列島の古代史3　社会集団と政治組織』岩波書店，2005
川尻秋生「墨書土器からみた本貫地」『比較考古学の新地平』同成社，2010
川本重雄『寝殿造の空間と儀式』中央公論美術出版，2005
川本龍市「正蔵率分制と率分所」『弘前大学国史研究』75，1983
川本龍市「切下文に関する基礎的考察」『史学研究』178，1988
京都市埋蔵文化財研究所『平安京右京六条一坊』1992
京都市埋蔵文化財研究所『平安京右京三条二坊十五・十六町』2002
黒田日出男『日本中世開発史の研究』校倉書房，1984
佐藤泰弘『日本中世の黎明』京都大学学術出版会，2001
須田勉「古代村落寺院とその信仰」『古代の信仰と社会』六一書房，2006
高島英之『古代出土文字資料の研究』東京堂出版，2000
田島公「大宰府鴻臚館の終焉」『日本史研究』389，1995
西山良平『都市平安京』京都大学学術出版会，2004
西山良平・藤田勝也編著『平安京の住まい』京都大学学術出版会，2007
早川庄八『日本古代の財政制度』名著刊行会，2000
平川南『墨書土器の研究』吉川弘文館，2000
ヨーゼフ・クライナー，吉成直樹・小口雅史編『古代末期・日本の境界』森話社，2010
吉田一彦『古代仏教をよみなおす』吉川弘文館，2006
渡辺晃宏「平安時代の不動穀」『史学雑誌』98-12，1989

おわりに

佐藤全敏『平安時代の天皇と官僚制』東京大学出版会，2008

図版出典一覧

図 1–1：著者作成
図 1–2：高橋美久二氏作成図(町田章・鬼頭清明編『新版古代の日本 6　近畿 II』角川書店，1991)を参考に作成
図 1–3：梅本康広氏作成図(西山良平・鈴木久男編『古代の都 3　恒久の都平安京』吉川弘文館，2010)を一部改変
図 1–4：(左)國下多美樹「長岡宮城と二つの内裏」『古代文化』59–3 を参考に作成／(右)吉村武彦・山路直充編『都城　古代日本のシンボリズム』青木書店，2007 を参考に作成
図 1–5：写真提供＝財団法人向日市埋蔵文化財センター
図 1–6：『日本史辞典』岩波書店，1999，一部改変
図 1–7：網伸也氏作成図(前掲『古代の都 3　恒久の都平安京』)を参考に作成
図 1–8：上原真人他編『列島の古代史 1　古代史の舞台』岩波書店，2006 を参考に作成
図 1–9：写真提供＝京都大学総合博物館
図 2–1：著者作成
図 2–2：前掲『日本史辞典』
図 2–3：所蔵＝宮内庁
図 2–4：所蔵＝薬師寺，撮影＝入江泰吉(『奈良の寺 10　薬師寺』岩波書店，1974 より転載)
図 2–5：著者作成
図 3–1：著者作成
図 3–2：所蔵＝出光美術館
図 3–3：前掲『日本史辞典』，一部改変
図 3–4：前掲『日本史辞典』，一部改変
図 3–5：写真提供＝宮内庁京都事務所
図 3–6：前掲『日本史辞典』，一部改変
図 3–7：写真提供＝(上)桐生市教育委員会／(下)財団法人群馬県埋蔵文化財調査事業団(いずれも群馬県新里村教育委員会編『資料集　赤城山麓の歴史地震』1991 より転載)
図 3–8：『日本絵巻大成 8　年中行事絵巻』中央公論社，1977
図 4–1：写真提供＝宮内庁京都事務所

図版出典一覧

図 4-2：著者作成
図 4-3：所蔵＝延暦寺（東京国立博物館編『日本国宝展』1990 より転載）
図 4-4：所蔵＝毛利博物館
図 4-5：著者作成
図 4-6：復元図作成＝小沢尚（山中敏史・佐藤興治編『古代日本を発掘する 5　古代の役所』岩波書店，1985）
図 4-7：所蔵＝石山寺
図 5-1：著者作成
図 5-2：所蔵＝観世音寺
図 5-3：著者作成
図 5-4：写真提供＝青森市教育委員会（『古代北方世界に生きた人びと――交流と交易』同展示実行委員会，2008 より転載）
図 5-5：著者作成
図 5-6：著者作成
図 5-7：所蔵＝高山寺
図 6-1：京都市埋蔵文化財研究所『平安京右京六条一坊』1992，一部改変
図 6-2：所蔵＝石川県埋蔵文化財センター，復元品所蔵・写真提供＝国立歴史民俗博物館（『古代日本　文字のある風景』国立歴史民俗博物館，2002 より転載）
図 6-3：千葉県編『千葉県の歴史　資料編　古代』1996 より転載
図 6-4：著者作成
図 6-5：ヨーゼフ・クライナー，吉成直樹，小口雅史編『古代末期・日本の境界』森話社，2010，一部改変

川尻秋生

1961年千葉県生まれ
1986年早稲田大学大学院文学研究科修士課程史学(日本史)専攻修了，千葉県立中央博物館上席研究員を経て
現在―早稲田大学文学学術院教授　博士(文学)
専攻―日本古代史
著書―『古代東国史の基礎的研究』(塙書房)
『日本古代の格と資財帳』(吉川弘文館)
『戦争の日本史4 平将門の乱』(吉川弘文館)
『全集日本の歴史4 揺れ動く貴族社会』(小学館)
『歴史と古典 将門記を読む』(編著，吉川弘文館)

平安京遷都
シリーズ 日本古代史⑤　　岩波新書(新赤版)1275

2011年6月21日　第1刷発行
2024年6月5日　第11刷発行

著　者　川尻秋生《かわじりあきお》

発行者　坂本政謙

発行所　株式会社 岩波書店
〒101-8002 東京都千代田区一ツ橋2-5-5
案内 03-5210-4000　営業部 03-5210-4111
https://www.iwanami.co.jp/

新書編集部 03-5210-4054
https://www.iwanami.co.jp/sin/

印刷・理想社　カバー・半七印刷　製本・中永製本

ISBN 978-4-00-431275-8　　Printed in Japan

岩波新書新赤版一〇〇〇点に際して

ひとつの時代が終わったと言われて久しい。だが、その先にいかなる時代を展望するのか、私たちはその輪郭すら描きえていない。二〇世紀から持ち越した課題の多くは、未だ解決の緒を見つけることのできないままであり、二一世紀が新たに招きよせた問題も少なくない。グローバル資本主義の浸透、憎悪の連鎖、暴力の応酬――世界は混沌として深い不安の只中にある。

現代社会においては変化が常態となり、速さと新しさに絶対的な価値が与えられた。消費社会の深化と情報技術の革命は、種々の境界を無くし、人々の生活やコミュニケーションの様式を根底から変容させてきた。ライフスタイルは多様化し、一面では個人の生き方をそれぞれが選びとる時代が始まっている。同時に、新たな格差が生まれ、様々な次元での亀裂や分断が深まっている。社会や歴史に対する意識が揺らぎ、普遍的な理念に対する根本的な懐疑や、現実を変えることへの無力感がひそかに根を張りつつある。そして生きることに誰もが困難を覚える時代が到来している。

しかし、日常生活のそれぞれの場で、自由と民主主義を獲得し実践することを通じて、私たち自身がそうした閉塞を乗り超え、希望の時代の幕開けを告げてゆくことは不可能ではあるまい。そのために、いま求められていること――それは、個と個の間で開かれた対話を積み重ねながら、人間らしく生きることの条件について一人ひとりが粘り強く思考することではないか。その営みの糧となるものが、教養に外ならないと私たちは考える。歴史とは何か、よく生きるとはいかなることか、世界そして人間はどこへ向かうべきなのか――こうした根源的な問いとの格闘が、文化と知の厚みを作り出し、個人と社会を支える基盤としての教養となった。まさにそのような教養への道案内こそ、岩波新書が創刊以来、追求してきたことである。

岩波新書は、日中戦争下の一九三八年一一月に赤版として創刊された。創刊の辞は、道義の精神に則らない日本の行動を憂慮し、批判的精神と良心的行動の欠如を戒めつつ、現代人の現代的教養を刊行の目的とする、と謳っている。以後、青版、黄版、新赤版と装いを改めながら、合計二五〇〇点余りを世に問うてきた。そして、いままた新赤版が一〇〇〇点を迎えたのを機に、人間の理性と良心への信頼を再確認し、それに裏打ちされた文化を培っていく決意を込めて、新しい装丁のもとに再出発したいと思う。一冊一冊から吹き出す新風が一人でも多くの読者の許に届くこと、そして希望ある時代への想像力を豊かにかき立てることを切に願う。

（二〇〇六年四月）

岩波新書より

岩波新書より

太平洋戦争陸戦概史◆　林　三郎
近衛文麿　岡　義武
昭和史〔新版〕◆　遠山茂樹・今井清一・藤原彰
管野すが　絲屋寿雄
明治維新の舞台裏〔第二版〕　石井　孝
革命思想の先駆者　家永三郎
「おかげまいり」と「ええじゃないか」　藤谷俊雄
犯科帳　森永種夫
大岡越前守忠相　大石慎三郎
織田信長　鈴木良一
応仁の乱　鈴木良一
歌舞伎以前　林屋辰三郎
源頼朝　永原慶二
京都　林屋辰三郎
奈良　直木孝次郎
日本国家の起源　井上光貞
日本神話◆　上田正昭
沖縄のこころ　大田昌秀

ひとり暮しの戦後史　塩沢美代子・島田とみ子
山県有朋◆　岡　義武
萬葉の時代　北山茂夫
日本の精神的風土　飯塚浩二
日本精神と平和国家　矢内原忠雄
日露陸戦新史　沼田多稼蔵
伝説　柳田国男
日本資本主義史上の指導者たち　土屋喬雄
岩波新書の歴史　付・総目録1938-2006　鹿野政直

シリーズ 日本近世史

戦国乱世から太平の世へ　藤井讓治
村 百姓たちの近世　水本邦彦
天下泰平の時代　高埜利彦
都市 江戸に生きる　吉田伸之
幕末から維新へ　藤田　覚

シリーズ 日本古代史

農耕社会の成立　石川日出志
ヤマト王権　吉村武彦
飛鳥の都　吉川真司
平城京の時代　坂上康俊
平安京遷都　川尻秋生
摂関政治　古瀬奈津子

シリーズ 日本近現代史

幕末・維新　井上勝生
民権と憲法　牧原憲夫
日清・日露戦争　原田敬一
大正デモクラシー　成田龍一
満州事変から日中戦争へ　加藤陽子
アジア・太平洋戦争　吉田　裕
占領と改革　雨宮昭一
高度成長　武田晴人
ポスト戦後社会　吉見俊哉
日本の近現代史をどう見るか　岩波新書編集部編

シリーズ 日本中世史

中世社会のはじまり　五味文彦

(2023.7)　◆は品切，電子書籍版あり．(N3)

岩波新書より

(2023.7)　◆は品切，電子書籍版あり．(N4)

芸術

カラー版 名画を見る眼Ⅱ　高階秀爾
カラー版 名画を見る眼Ⅰ　高階秀爾
占領期カラー写真を読む　佐藤洋一・衣川太一
水墨画入門　島尾新
酒井抱一 俳諧と絵画の織りなす抒情　井田太郎
平成の藝談 歌舞伎の真髄にふれる　犬丸治
K-POP 新感覚のメディア　金成玟
ベラスケス 宮廷のなかの革命者　大髙保二郎
ヴェネツィア 美の都の一千年　宮下規久朗
丹下健三 戦後日本の構想者　豊川斎赫
学校で教えてくれない音楽◆　大友良英
中国絵画入門　宇佐美文理
瞽女うた　ジェラルド・グローマー
東北を聴く　佐々木幹郎
黙示録　岡田温司

ボブ・ディラン ロックの精霊　湯浅学
仏像の顔　清水眞澄
柳宗悦　中見真理
ヘタウマ文化論　山藤章二
小さな建築　隈研吾
コルトレーン ジャズの殉教者　藤岡靖洋
雅楽を聴く　寺内直子
歌謡曲　高護
歌舞伎の愉しみ方　山川静夫
自然な建築　隈研吾
肖像写真　多木浩二
東京遺産　森まゆみ
絵のある人生　安野光雅
日本の色を染める　吉岡幸雄
プラハを歩く　田中充子
日本絵画のあそび　榊原悟
ぼくのマンガ人生　手塚治虫
日本の近代建築 上・下　藤森照信
ゲルニカ物語　荒井信一

千利休 無言の前衛　赤瀬川原平
やきもの文化史　三杉隆敏
歌右衛門の六十年　中村歌右衛門・山川静夫
フルトヴェングラー　脇圭平・芦津丈夫
明治大正の民衆娯楽　倉田喜弘
茶の文化史　村井康彦
日本の耳　小倉朗
日本の子どもの歌　園部三郎・山住正己
二十世紀の音楽　吉田秀和
水墨画　矢代幸雄
絵を描く子供たち　北川民次
ギリシアの美術　澤柳大五郎
音楽の基礎　芥川也寸志
日本刀　本間順治
日本美の再発見〔増補改訳版〕　ブルーノ・タウト／篠田英雄訳
ミケルアンヂェロ　羽仁五郎

環境・地球

グリーン・ニューディール　明日香壽川
水の未来　沖大幹
異常気象と地球温暖化　鬼頭昭雄
エネルギーを選びなおす　小澤祥司
欧州のエネルギーシフト◆　脇阪紀行
グリーン経済最前線◆　井田徹治・末吉竹二郎
環境アセスメントとは何か　原科幸彦
生物多様性とは何か　井田徹治
キリマンジャロの雪が消えていく　石弘之
イワシと気候変動　川崎健
森林と人間　石城謙吉
地球の水が危ない　高橋裕
地球環境報告Ⅱ　石弘之
地球環境問題とは何か　米本昌平
地球環境報告　石弘之
国土の変貌と水害◆　高橋裕
水俣病　原田正純

情報・メディア

実践 自分で調べる技術　宮内泰介
生きるための図書館　竹内さとる
メディア不信 何が問われているのか　林香里
グローバル・ジャーナリズム　澤康臣
キャスターという仕事　国谷裕子
読んじゃいなよ！　高橋源一郎編
読書と日本人　津野海太郎
スポーツアナウンサー 実況の真髄　山本浩
戦争と検閲 石川達三を読み直す　河原理子
NHK〔新版〕　松田浩
震災と情報◆　徳田雄洋
メディアと日本人　橋元良明
デジタル社会はなぜ生きにくいか　徳田雄洋
ジャーナリズムの可能性　原寿雄
ウェブ社会をどう生きるか　西垣通
報道被害　梓澤和幸
メディア社会　佐藤卓己
現代の戦争報道　門奈直樹
未来をつくる図書館　菅谷明子
新聞は生き残れるか◆　中馬清福
メディア・リテラシー　菅谷明子
職業としての編集者　吉野源三郎
岩波新書解説総目録 1938-2019　岩波新書編集部編

宗教

空　海　松長有慶
最澄と徳一　仏教史上最大の対決　師　茂樹
ブッダが説いた幸せな生き方　今枝由郎
ヒンドゥー教10講　赤松明彦
東アジア仏教史　石井公成
ユダヤ人とユダヤ教　市川　裕
初期仏教　ブッダの思想をたどる　馬場紀寿
内村鑑三　悲しみの使徒　若松英輔
トマス・アクィナス　理性と神秘　山本芳久
アウグスティヌス　「心」の哲学者　出村和彦
パウロ　十字架の使徒　青野太潮
弘法大師空海と出会う　川﨑一洋
高野山　松長有慶
マルティン・ルター　徳善義和

教科書の中の宗教　藤原聖子
『教行信証』を読む　親鸞の世界へ　山折哲雄
国家神道と日本人　島薗　進
聖書の読み方　大貫　隆
親鸞をよむ◆　山折哲雄
日本宗教史　末木文美士
法華経入門　菅野博史
中世神話　山本ひろ子
イスラム教入門　中村廣治郎
ジャンヌ・ダルクと蓮如　大谷暢順
蓮　如　五木寛之
密　教　松長有慶
日本の新興宗教　高木宏夫
背教者の系譜　武田清子
聖書入門　小塩　力
イエスとその時代◆　荒井　献
慰霊と招魂　村上重良
国家神道◆　村上重良
お経の話　渡辺照宏

死後の世界　渡辺照宏
日本の仏教　渡辺照宏
仏　教〔第二版〕　渡辺照宏
禅と日本文化　鈴木大拙／北川桃雄訳

岩波新書/最新刊から

2008
同性婚と司法
千葉勝美 著

元最高裁判事の著者が同性婚を認めない法律の違憲性を論じる。日本は同性婚を実現できるか。個人の尊厳の意味を問う注目の一冊。

2009
ジェンダー史10講
姫岡とし子 著

女性史・ジェンダー史は歴史の見方をいかに刷新してきたか——史学史と家族・労働・戦争などのテーマから総合的に論じる入門書。

2010
〈一人前〉と戦後社会
―対等を求めて―
禹宗杬・沼尻晃伸 著

弱い者が〈一人前〉として、他者と対等にふるまうことで社会を動かしてきた。私たちの原動力を取り戻す方法を歴史のなかに探る。

2011
魔女狩りのヨーロッパ史
池上俊一 著

ヨーロッパ文明が光を放ち始めた一五〜一八世紀、魔女狩りという闇が口を開いたのはなぜか。進展著しい研究をふまえ本質に迫る。

2012
ピアノトリオ
―モダンジャズへの入り口―
マイク・モラスキー 著

日本のジャズ界でも人気のピアノトリオ。エヴァンスなどの名盤を取り上げながら、その歴史を紐解き、具体的な魅力、聴き方を語る。

2013
スタートアップとは何か
―経済活性化への処方箋―
加藤雅俊 著

経済活性化への期待を担うスタートアップ。アカデミックな知見に基づきその実態を見定め、「挑戦者」への適切な支援を考える。

2014
罪を犯した人々を支える
―刑事司法と福祉のはざまで―
藤原正範 著

「凶悪な犯罪者」からはほど遠い、社会復帰のために支援を必要とするリアルな姿。司法と福祉の溝を社会はどう乗り越えるのか。

2015
日本語と漢字
―正書法がないことばの歴史―
今野真二 著

漢字は単なる文字であることを超えて、日本語に影響を与えつづけてきた。さまざまなかたちから探る、「変わらないもの」の歴史。

(2024. 5)